以理论指导实践·以实践发展理论

图书馆知识产权管理工作指南

韩新月　吕淑萍　邱奉捷
申庆月　刘晶晶　朱　云　著

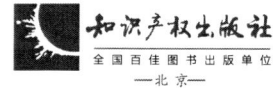

全国百佳图书出版单位
—北京—

图书在版编目（CIP）数据

图书馆知识产权管理工作指南/韩新月等著. —北京：知识产权出版社，2020.7
ISBN 978-7-5130-6986-1

Ⅰ.①图… Ⅱ.①韩… Ⅲ.①图书馆—知识产权—中国—指南 Ⅳ.①D923.4-62

中国版本图书馆 CIP 数据核字（2020）第 099011 号

内容提要

本书采用工作指南手册体例，以问答形式分类逐项阐释了我国图书馆知识产权管理工作的法律基础，对照图书馆知识产权管理、文献资源建设、用户服务、计算机软件、文化创意活动和自主知识产权等方面的相关工作进行分析，简洁明了地说明理论知识和法律规定，重点从准确性和可操作性的角度出发提出实务操作建议，有助于指导图书馆开展提升知识产权创造、运用、保护和管理能力的具体工作。本书可供图书馆管理人员和知识产权管理相关人员参考和应用。

责任编辑：彭喜英　　　　　　责任印制：孙婷婷

图书馆知识产权管理工作指南
TUSHUGUAN ZHISHI CHANQUAN GUANLI GONGZUO ZHINAN

韩新月　吕淑萍　邱奉捷　申庆月　刘晶晶　朱　云　著

出版发行：知识产权出版社有限责任公司	网　址：http://www.ipph.cn
电　话：010-82004826	http://laichushu.com
社　址：北京市海淀区气象路 50 号院	邮　编：100081
责编电话：010-82000860 转 8539	责编邮箱：pengxiying@cnipr.com
发行电话：010-82000860 转 8101	发行传真：010-82000893
印　刷：北京中献拓方科技发展有限公司	经　销：各大网上书店、新华书店及相关专业书店
开　本：720mm×1000mm　1/16	印　张：11.25
版　次：2020 年 7 月第 1 版	印　次：2020 年 7 月第 1 次印刷
字　数：162 千字	定　价：58.00 元
ISBN 978-7-5130-6986-1	

出版权专有　侵权必究
如有印装质量问题，本社负责调换。

本书编写组

负责人：吕淑萍

著　者：韩新月　吕淑萍

　　　　邱奉捷　申庆月

　　　　刘晶晶　朱　云

前 言

近年来，图书馆事业在信息技术进步和知识经济发展的浪潮中得以迅速发展，特别是数字图书馆工作发展速度快，亮点多，在资源、服务及管理等各个方面取得了令人瞩目的进步。在信息技术和社会公众信息文化需求的共同影响下，图书馆的服务内容日益丰富，拓展了数字资源加工、展览、文化创意服务等新兴服务内容；同时，图书馆创新发展了适应社会公众信息文化需求的服务模式，包括互联网远程访问服务、移动互联网服务、数字电视服务等多种模式的创新服务。随着图书馆建设与服务机制不断深化发展，图书馆在社会分工体系中的角色与作用越来越丰富，与其他社会主体之间的联系也越来越密切。这些新发展一方面使图书馆的目标和价值得以更好地展现；另一方面也要求图书馆必须面对一些新的需求与挑战，知识产权工作就是其中之一。

知识产权工作涉及图书馆事业发展的多个方面，为图书馆的建设与发展带来了深层次的影响。因此，与图书馆相关的知识产权问题不仅受到图书馆业界的重视，也引起了社会公众、法律领域及图书馆相关领域的关注。如何协调好知识产权保护与图书馆履行社会服务职能之间的关系，是图书馆发展面临的重要课题，既需要加强相关的理论研究，也需要开展更多的实践探索。近年来，随着我国知识产权工作水平的整体提升，与图书馆相关的知识产权法律制度及政策不断完善，包括图书馆与读者在内的社会各界知识产权保护意识明显加强，但是我们也应该看到，在图书馆实务中对知识产权工作的投入还远远不够，在一定程度上缺乏对图书馆知识产权工作的系统认识和解决办法，知识产权人员队伍也亟待发展壮大，迫切需要针对性的参考资料。

知识产权具有法定性和地域性特征，必须依据相关国家或者地区的法律确认，并在一定地域范围发生法律效力。本书主要从我国图书馆实践工作出发，将图书馆业务工作进行系统解构，按照业务逻辑逐项梳理各项业务工作涉及的知识产权问题，依据我国法律制度体系进行研究探讨，提出适应我国法律环境的处理建议，以求实现"以理论指导实践、以实践发展理论"的双向互馈。

本书采用工作指南体例，便于检索和使用，以问答形式阐释了我国图书馆知识产权管理工作的法律基础，着重分析了图书馆在知识产权管理、文献资源建设、用户服务、计算机软件、文化创意活动和自主知识产权方面的相关工作，简洁明了地说明理论知识和法律规定，重点从准确性和可操作性的角度出发提出实务操作建议，帮助图书馆提升知识产权创造、运用、保护和管理能力。法律制度是不断发展完善的，那么图书馆知识产权工作必然将随之进行适应性的发展与调整，本书基于学术研究和工作探讨的目的，提出了在当前一定阶段关于图书馆知识产权工作的系列建议，仅供相关人员参考之用。未来我们仍将对本书所探讨内容保持密切关注和持续性研究，以期能够积累更多的资料，提供更丰富的研究与实践建议。

由于受到著者资料搜集、理论水平与实践经验等多方面因素的影响，本书难免存在疏漏之处，敬请读者批评指正。

目　录

第一部分　图书馆知识产权工作的法律基础 …………………… 1

 1. 什么是知识产权? ………………………………………………… 3
 2. 知识产权可否进行许可或转让? ………………………………… 3
 3. 什么是公有领域? ………………………………………………… 3
 4. 什么是专利权? …………………………………………………… 4
 5. 如何认定专利权人? ……………………………………………… 4
 6. 专利权的保护期限是多久? ……………………………………… 4
 7. 什么是商标、注册商标? ………………………………………… 5
 8. 注册商标有效期是多久? ………………………………………… 5
 9. 什么是著作权? …………………………………………………… 5
 10. 什么是版式设计权? …………………………………………… 7
 11. 什么是作品? …………………………………………………… 8
 12. 如何认定著作权人? …………………………………………… 10
 13. 著作权的保护期限是多久? …………………………………… 12
 14. 什么是著作权集体管理组织? ………………………………… 13
 15. 什么是域名? …………………………………………………… 13
 16. 什么是著作权合理使用? ……………………………………… 13
 17. 什么是著作权法定许可? ……………………………………… 16
 18. 什么是开放获取? ……………………………………………… 17

19. 图书馆知识产权工作密切相关的主要法律法规有哪些? ········· 17
20. 开展知识产权国际保护的依据有哪些? ·················· 19

第二部分 图书馆知识产权管理 ························ 21

21. 图书馆哪些工作涉及知识产权? ······················ 23
22. 图书馆为什么需要开展知识产权工作? ·················· 24
23. 图书馆知识产权工作遵循哪些原则? ··················· 24
24. 图书馆知识产权工作的主要目标是什么? ················ 25
25. 图书馆如何建立知识产权管理制度? ··················· 26
26. 图书馆如何设置知识产权工作岗位? ··················· 27
27. 图书馆如何建设知识产权工作人员队伍? ················ 28
28. 图书馆如何构建知识产权风险管理体系? ················ 30
29. 图书馆建立知识产权信息库的主要目标是什么? ············ 31
30. 图书馆知识产权信息库可包括哪些内容? ················ 32
31. 图书馆开展知识产权工作评估的主要目的是什么? ··········· 32
32. 图书馆知识产权工作评估可包括哪些内容? ··············· 33
33. 通过哪些方式可以实现图书馆知识产权工作协作共享? ········ 33
    实践示例 ······································ 34

第三部分 图书馆文献资源建设知识产权问题 ················ **43**

34. 图书馆可以通过合同向哪些主体取得知识产权授权? ········· 45
35. 如何判断专利权的权利归属? ······················· 45
36. 如何判断商标权的权利归属? ······················· 46
37. 如何判断作品著作权的权利归属? ···················· 46
38. 如何判断计算机软件著作权的权利归属? ················ 48
39. 图书馆可使用的著作权法定授权资源包括哪些? ············ 49
40. 取得自主知识产权人著作权授权需要注意哪些问题? ········· 51

41. 取得出版机构著作权授权需要注意哪些问题? ………… 52
42. 取得数据库集成商著作权授权需要注意哪些问题? ……… 52
43. 取得著作权集体管理组织著作权授权需要注意哪些问题? …… 53
44. 取得知识产权代理机构授权需要注意哪些问题? ……… 54
45. 图书馆使用开放获取资源时应注意的要点有哪些? ……… 55
46. 委托开发与合作开发资源应注意哪些知识产权问题? …… 55
47. 图书馆采购实体文献是否有知识产权风险? …………… 56
48. 图书馆文献数字化工作的知识产权风险有哪些? ……… 57
49. 图书馆如何防范文献数字化中的著作权风险? ………… 58
50. 图书馆如何解决自建数据库的知识产权问题? ………… 59
51. 图书馆数字资源采访环节中存在哪些权利风险? ……… 61
52. 图书馆在文献资源建设中应承担哪些合理注意义务? …… 63
53. 拟定文献资源建设合同著作权相关条款应注意哪些问题? … 64
54. 图书馆网站建设涉及哪些知识产权问题? ……………… 65
55. 图书馆网站版权声明包括哪些主要内容? ……………… 65
56. 图书馆如何对域名进行保护? …………………………… 66
57. 图书馆如何避免图片侵权纠纷? ………………………… 67
58. 图书馆如何避免计算机字体侵权纠纷? ………………… 68
59. 图书馆如何解决网络资源采集中的知识产权问题? …… 69
60. 图书馆接受捐赠资源时应注意哪些知识产权问题? …… 70
61. 图书馆在签订捐赠协议时应注意哪些知识产权问题? …… 70

实践示例 ……………………………………………………… 71

第四部分 图书馆用户服务知识产权问题 ………… 73

62. 图书馆所提供资源的知识产权状态主要有哪些类型? …… 75
63. 图书馆如何根据不同知识产权状态规划服务形式? …… 75
64. 图书馆可开展哪些形式的合理使用资源服务? ………… 76

65. 图书馆可开展哪些形式的法定许可资源服务？ …………… 77
66. 合理使用资源服务和法定许可资源服务有何异同？ ……… 77
67. 对信息网络传播服务相关的知识产权保护技术措施
    有哪些法律规定？ …………………………………………… 78
68. 在哪些情形下可以避开信息网络传播权相关的技术措施？ …… 79
69. 图书馆服务中可采取哪些面向用户的知识产权保护措施？ …… 79
70. 图书馆用户的知识产权责任主要包括哪些内容？ ………… 80
71. 图书馆可采取哪些方式与用户订立知识产权责任协议？ ……… 81
72. 图书馆服务工作应当如何应对知识产权纠纷？ …………… 81
73. 文献资源阅览服务应注意哪些知识产权问题？ …………… 82
74. 文献资源外借服务应注意哪些知识产权问题？ …………… 82
75. 文献复制服务应注意哪些知识产权问题？ ………………… 83
76. 参考咨询服务应注意哪些知识产权问题？ ………………… 83
77. 在哪些情形下图书馆可以提供文献传递和馆际互借服务？ …… 84
78. 文献传递与馆际互借服务应注意哪些知识产权问题？ …… 84
79. 讲座与培训服务应注意哪些知识产权问题？ ……………… 85
80. 展览中的展品涉及哪些知识产权问题？ …………………… 86
81. 组织和设计展览应注意哪些知识产权问题？ ……………… 86
82. 新媒体服务应注意哪些知识产权问题？ …………………… 87
83. 利用法定许可制度开展扶贫工作应注意哪些问题？ ……… 88
84. 利用合理使用制度残疾人服务工作应注意哪些
    知识产权问题？ ……………………………………………… 89
85. 用户作品采集和利用应注意哪些知识产权问题？ ………… 89
    实践示例 …………………………………………………………… 90

第五部分 计算机软件知识产权问题 …………………………… 93

86. 计算机软件主要涉及哪些知识产权问题？ ………………… 95

87. 计算机软件著作权受保护的必要条件是什么? …………… 95
88. 计算机软件的著作权人有哪些类型? ………………………… 96
89. 计算机软件著作权人享有哪些权利? ………………………… 96
90. 计算机软件的著作权保护期是多长? ………………………… 99
91. 图书馆常用的计算机软件主要有哪些? ……………………… 99
92. 图书馆可通过哪些方式取得计算机软件著作权? ………… 100
93. 图书馆如何确立自主开发计算机软件的著作权? ………… 101
94. 图书馆合作开发软件时如何约定著作权归属? …………… 101
95. 图书馆委托开发软件时如何确定著作权归属? …………… 102
96. 图书馆如何确立职务开发软件的著作权归属? …………… 102
97. 图书馆承担国家机关下达任务而开发的软件如何确定
    著作权归属? ………………………………………………… 103
98. 签订软件开发合同应约定哪些著作权相关事项? ………… 103
99. 图书馆对合法持有的软件复制品享有哪些权利? ………… 103
100. 对于计算机软件有哪些合理使用规定? …………………… 104
101. 签署著作权许可或转让协议时需要注意哪些问题? ……… 104
102. 图书馆使用第三方主体开发的软件应注意哪些问题? …… 105
    实践示例 ………………………………………………………… 105

第六部分 图书馆文化创意活动知识产权问题 …………… **109**

103. 什么是图书馆文化创意产品? ……………………………… 111
104. 图书馆文化创意活动涉及哪些知识产权问题? …………… 111
105. 图书馆文化创意产品开发有哪些方式? …………………… 111
106. 以馆藏文献为素材开发文化创意产品是否存在著作权
    侵权风险? …………………………………………………… 112
107. 图书馆能否就馆藏资源进行艺术授权? …………………… 113
108. 如何确定图书馆员工设计的文化创意产品的
    知识产权归属? ……………………………………………… 114

109. 图书馆在合作开展文化创意活动时应注意哪些知识产权问题？ …… 115

110. 图书馆对其所属联盟设计开发的文化创意产品是否享有知识产权？ …… 116

111. 图书馆委托开展文化创意活动时应注意哪些知识产权问题？ …… 116

112. 图书馆如何对文化创意产品进行自有知识产权保护？ …… 116

113. 图书馆文化创意产品服务有哪些常见形式？ …… 117

114. 文化创意产品服务应注意哪些知识产权问题？ …… 118

实践示例 …… 119

第七部分　图书馆自主知识产权 …… **123**

115. 图书馆可以开展哪些自主知识产权创造？ …… 125
116. 图书馆如何取得著作权？ …… 125
117. 图书馆哪些工作能够取得自主著作权作品？ …… 125
118. 如何进行著作权登记？ …… 126
119. 著作权登记可否撤销？ …… 127
120. 图书馆使用自主著作权时应注意哪些权利约定？ …… 127
121. 图书馆申请专利的主要目标是什么？ …… 128
122. 哪些专利申请可以被授予专利权？ …… 128
123. 哪些专利申请不能授予专利权？ …… 129
124. 发明人和专利权人享有哪些专利相关的权利？ …… 130
125. 图书馆可以围绕哪些工作获得自主专利？ …… 131
126. 如何申请专利权？ …… 133
127. 专利权的保护范围是什么？ …… 133
128. 什么情况下专利将被宣告终止？ …… 134
129. 什么是专利复议和宣告无效？ …… 134

130. 专利权使用过程可进行哪些权利约定? ……………………… 135
131. 图书馆申请商标的主要目标是什么? …………………………… 136
132. 商标的注册原则是什么? …………………………………………… 136
133. 哪些商标申请可以被授予商标权? ……………………………… 138
134. 哪些标志不能作为商标使用和注册? …………………………… 138
135. 注册商标的有效期是多久? ………………………………………… 139
136. 图书馆可以围绕哪些对象申请商标权? ………………………… 140
137. 如何申请商标权? …………………………………………………… 140
138. 在什么情况下注册商标将被宣告终止? ………………………… 141
139. 在什么情况下注册商标将被宣告无效? ………………………… 142
140. 注册商标使用过程可做哪些权利约定? ………………………… 143
141. 图书馆进行自主知识产权许可与转让时应注意哪些问题? … 143
142. 图书馆如何开展自主知识产权转化推广? ……………………… 144
143. 图书馆应如何有效保护自主知识产权? ………………………… 145
　　实践示例 …………………………………………………………………… 145

第八部分　图书馆知识产权纠纷与解决 …………………………… **147**

144. 图书馆易发生哪些类型的知识产权纠纷? ……………………… 149
145. 图书馆解决知识产权纠纷的途径有哪些? ……………………… 149
146. 侵害著作权的法律责任有哪些? ………………………………… 151
147. 图书馆发现网络侵权行为后如何发出有效通知书? ………… 153
148. 图书馆在收到权利人通知书后应如何处理? ………………… 154
149. 图书馆如何适用"通知－删除"规则? ………………………… 155
150. 著作权损害赔偿的范围和原则是什么? ………………………… 157
151. 哪些行为属于侵犯专利权的行为? ……………………………… 158
152. 侵犯专利权应承担的法律责任有哪些? ………………………… 159
153. 专利权纠纷的处理途径有哪些? ………………………………… 159

154. 专利侵权有关的诉讼时效是多长时间? …………………… 160
155. 发现专利侵权后,图书馆可以采取哪些应急保护措施? …… 160
156. 如何计算侵犯专利权的赔偿数额? …………………………… 161
157. 哪些行为属于侵犯商标权的行为? …………………………… 161
158. 侵犯商标权应承担的法律责任有哪些? ……………………… 162
159. 商标权纠纷的处理途径有哪些? ……………………………… 163
160. 商标权侵权的诉讼时效是多长时间? ………………………… 163
161. 针对商标权侵权图书馆可以采取哪些应急保护措施? ……… 164
162. 如何确定侵犯商标权的赔偿数额? …………………………… 164

实践示例 ……………………………………………………………… 165

第一部分　图书馆知识产权工作的法律基础

在世界范围内，知识产权的产生或取得一般是由法律进行直接确认，各国依据法律规定确认知识产权的保护范围和保护期限，从这个意义上说，知识产权具有法定性特征。了解和掌握知识产权的相关法律知识，是图书馆开展知识产权工作的基础。运用知识产权法律法规开展图书馆业务，则是图书馆知识产权工作的主要目标之一。知识产权相关的法律知识范围广泛，并且随着研究和实践的发展仍在不断深化发展，从中识别并正确理解和应用相关的法律知识，对于图书馆开展知识产权工作至关重要。

1. 什么是知识产权？

知识产权是指在科学技术、文学艺术等领域中，发明者、创造者等对自己的创造性劳动成果依法享有的专有权，其范围包括专利、商标、著作权及相关权、集成电路布图设计、地理标志、植物新品种、商业秘密、传统知识、遗传资源以及民间文艺等。❶

2. 知识产权可否进行许可或转让？

对知识产权进行使用许可和转让都是知识产权权利人行使权利的一种方式。

知识产权许可，是指许可方（权利人）将所涉知识产权授予被许可方按照约定使用的活动。

知识产权转让，是指知识产权出让主体（权利人）与知识产权受让主体，根据与知识产权转让有关的法律法规和双方签订的转让合同，将知识产权权利由出让方转移给受让方的法律行为。

3. 什么是公有领域？

知识产权法保护的知识产权是一种专有权，在这种专有权之外的知识产品则处于公有领域（Public Domain）。通常包括没有纳入知识产权法中的知识创造成果、保护期限已经届满的知识创造成果以及权利人放弃知识产权的成果。❷ 不同类型知识产权进入公有领域的条件不同，在实践中应

---

❶ 知识产权文献与信息 基本词汇：GB/T 21374—2008 [S]. 北京：中国标准出版社，2008：1.

❷ 冯晓青. 知识产权法的公共领域理论 [J]. 知识产权，2007（3）：3-11.

根据实际情况做出准确判断。

4. 什么是专利权？[1]

依据我国法律规定，专利权是指经申请并在满足一定法律条件的前提下由国务院专利行政部门授予的一定期限的排他性权利。专利是指专利权所保护的技术方案或设计，包括发明、实用新型和外观设计。

发明是指对产品、方法或者其改进所提出的新的技术方案。

实用新型是指对产品的形状、构造或者其结合所提出的适于实用的新的技术方案。

外观设计是指对产品的形状、图案或者其结合以及色彩与形状、图案的结合所作出的富有美感并适于工业应用的新设计。

5. 如何认定专利权人？

依据我国法律规定，专利权人是指获得国务院专利行政部门授予的专利权或因转让、继承等专利权转移行为并经国务院专利行政部门变更确认后拥有专利权的单位或个人。

6. 专利权的保护期限是多久？

依据我国法律规定，发明专利的保护期限为二十年，实用新型专利、外观设计专利的保护期限为十年，均自申请日起计算，专利保护期限届满专利权自然终止。此外，专利权期限届满前专利权人可以书面声明放弃专利权，未按时缴付年费的专利权也将终止。

---

[1] 知识产权文献与信息 基本词汇：GB/T 21374—2008 [S]. 北京：中国标准出版社，2008：4.

7. 什么是商标、注册商标？[1]

依据我国法律规定，商标是指任何能够将个人、单位或者其他组织的商品或服务与他人的商品或服务区别开的标志，包括文字、图形、字母、数字、三维标志、颜色组合和声音以及上述要素的组合。

注册商标是指经国务院工商行政管理部门商标局核准注册从而获得法律保护的商标，包括商品商标、服务商标和集体商标、证明商标。

8. 注册商标有效期是多久？

依据我国法律规定，注册商标的有效期为十年，自核准注册之日起计算。注册商标有效期满，需要继续使用的，商标注册人应当在期满前十二个月内按照规定办理续展手续；在此期间未能办理的，可以给予六个月的宽展期。每次续展注册的有效期为十年，自该商标上一届有效期满次日起计算。期满未办理续展手续的，注销其注册商标。

9. 什么是著作权？

在我国，著作权也称版权，是指著作权人对其作品依法享有的权利。《中华人民共和国著作权法》（以下简称《著作权法》）规定作者享有十七项著作专有权利，可以划分为人身权利和财产权利两类。

（一）人身权利

人身权利又称精神权利，指的是作者对作品中体现出来的人格和精神

---

[1] 知识产权文献与信息　基本词汇：GB/T 21374—2008 [S]. 北京：中国标准出版社，2008：10.

所享有的权利。由于其特殊性，人身权不可转让；发表权、修改权和保护作品完整权可以继受。《著作权法》规定的人身权利包括以下4项：

（1）发表权，即决定作品是否公之于众的权利。作者有决定是否发表、何时发表、何地发表的权利。

（2）署名权，即表明作者身份，在作品上署名的权利。

（3）修改权，即修改或者授权他人修改作品的权利。

（4）保护作品完整权，即保护作品不受歪曲、篡改的权利。

（二）财产权利

财产权利又称经济权利，指作者享有的以特定方式利用作品并获得经济效益的专有权利。财产权可以继承、部分或全部转让，并依照约定或著作权法规定获得相应的报酬。《著作权法》规定的财产权利包括以下13项：

（1）复制权，即以印刷、复印、拓印、录音、录像、翻录、翻拍等方式将作品制作一份或者多份的权利。广义上，将作品制作一份或多份的形式都属于复制，因此扫描、缓存、下载等行为也都属于复制的范畴。

（2）发行权，即以出售或者赠与方式向公众提供作品的原件或者复制件的权利。

（3）出租权，即有偿许可他人临时使用电影作品和以类似摄制电影的方法创作的作品、计算机软件的权利，计算机软件不是出租的主要标的的除外。

（4）展览权，即公开陈列美术作品、摄影作品的原件或者复制件的权利。

（5）表演权，即公开表演作品，以及用各种手段公开播送作品的表演的权利。

（6）放映权，即通过放映机、幻灯机等技术设备公开再现美术、摄影、电影和以类似摄制电影的方法创作的作品等的权利。

（7）广播权，即以无线方式公开广播或者传播作品，以有线传播或者转播的方式向公众传播广播的作品，以及通过扩音器或者其他传送符号、声音、图像的类似工具向公众传播广播的作品的权利。

（8）信息网络传播权，即以有线或者无线方式向公众提供作品，使公众可以在其个人选定的时间和地点获得作品的权利。

（9）摄制权，即以摄制电影或者以类似摄制电影的方法将作品固定在载体上的权利。

（10）改编权，即改变作品，创作出具有独创性的新作品的权利。

（11）翻译权，即将作品从一种语言文字转换成另一种语言文字的权利。

（12）汇编权，即将作品或者作品的片段通过选择或者编排，汇集成新作品的权利。

（13）应当由著作权人享有的其他权利。

以上17项权利构成了狭义著作权，即仅指作者或者通过作者继受权利的人对作品享有的权利。广义著作权还包括作者以外的民事主体对作品之外的客体享有的权利，即邻接权。《著作权法》中规定的邻接权特指出版者、表演者、录音录像制作者、广播电台、电视台播放者享有与著作权有关的权利，包括对著作权人的作品进行出版、表演、录音录像、广播播放节目所产生的权利。

10. 什么是版式设计权？

《著作权法》规定，出版者有权许可或者禁止他人使用其出版的图书、期刊的版式设计。版式设计权的保护期为十年，截止于使用该版式设计的图书、期刊首次出版后第十年的12月31日。

11. 什么是作品？

作品是指在文学、艺术和科学领域内创作的具有独创性并能以某种有形形式复制的智力成果。[1] 《著作权法》按照表现形式划分了作品类别，《中华人民共和国著作权法实施条例》《计算机软件保护条例》对不同类型作品的含义进行了具体解释。

（一）文字作品

文字作品，是指小说、诗词、散文、论文等以文字形式表现的作品。

（二）口述作品

口述作品，是指即兴的演说、授课、法庭辩论等以口头语言形式表现的作品。

（三）音乐、戏剧、曲艺、舞蹈、杂技艺术作品

音乐作品，是指歌曲、交响乐等能够演唱或者演奏的带词或者不带词的作品。

戏剧作品，是指话剧、歌剧、地方戏等供舞台演出的作品。

曲艺作品，是指相声、快书、大鼓、评书等以说唱为主要形式表演的作品。

舞蹈作品，是指通过连续的动作、姿势、表情等表现思想情感的作品。

杂技艺术作品，是指杂技、魔术、马戏等通过形体动作和技巧表现的作品。

---

[1] 知识产权文献与信息 基本词汇：GB/T 21374—2008 [S]. 北京：中国标准出版社，2008：11.

（四）美术、建筑作品

美术作品，是指绘画、书法、雕塑等以线条、色彩或者其他方式构成的有审美意义的平面或者立体的造型艺术作品。

建筑作品，是指以建筑物或者构筑物形式表现的有审美意义的作品。

（五）摄影作品

摄影作品，是指借助器械在感光材料或者其他介质上记录客观物体形象的艺术作品。

（六）电影作品和以类似摄制电影的方法创作的作品

电影作品和以类似摄制电影的方法创作的作品，是指摄制在一定介质上，由一系列有伴音或者无伴音的画面组成，并且借助适当装置放映或者以其他方式传播的作品。

（七）工程设计图、产品设计图、地图、示意图等图形作品和模型作品

图形作品，是指为施工、生产绘制的工程设计图、产品设计图，以及反映地理现象、说明事物原理或者结构的地图、示意图等作品。

模型作品，是指为展示、试验或者观测等用途，根据物体的形状和结构，按照一定比例制成的立体作品。

（八）计算机软件

计算机软件是指计算机程序及其有关文档。

计算机程序是指为了得到某种结果而可以由计算机等具有信息处理能力的装置执行的代码化指令序列，或者可以被自动转换成代码化指令序列的符号化指令序列或者符号化语句序列。同一计算机程序的源程序和目标

程序为同一作品。

文档，是指用来描述程序的内容。

（九）法律、行政法规规定的其他作品

12. 如何认定著作权人？

著作权人是指著作权的享有者，包括作者和其他依照《著作权法》享有著作权的公民、法人或者其他组织。作者是指创造作品的公民，或者法律规定的特定情形下的法人或者其他组织。❶

根据《著作权法》规定，著作权属于作者，该法另有规定的除外。创作作品的公民是作者。由法人或者其他组织主持，代表法人或者其他组织意志创作，并由法人或者其他组织承担责任的作品，法人或者其他组织视为作者。如无相反证明，在作品上署名的公民、法人或者其他组织为作者。

《著作权法》对特殊类型作品的著作权人认定也进行了规定。

（一）演绎作品著作权人

改编、翻译、注释、整理已有作品而产生的作品，其著作权由改编、翻译、注释、整理人享有，但行使著作权时不得侵犯原作品的著作权。

（二）合作作品著作权人

两人以上合作创作的作品，著作权由合作作者共同享有。没有参加创作的人，不能成为合作作者。合作作品可以分割使用的，作者对各自创作的部分可以单独享有著作权，但行使著作权时不得侵犯合作作品整体的著作权。

---

❶ 知识产权文献与信息　基本词汇：GB/T 21374—2008［S］. 北京：中国标准出版社，2008：11.

（三）汇编作品著作权人

汇编若干作品、作品的片段或者不构成作品的数据或者其他材料，对其内容的选择或者编排体现独创性的作品，为汇编作品，其著作权由汇编人享有，但行使著作权时，不得侵犯原作品的著作权。

（四）电影作品和以类似方法创作的作品著作权人

电影作品和以类似摄制电影的方法创作的作品的著作权由制片者享有，但编剧、导演、摄影、作词、作曲等作者享有署名权，并有权按照与制片者签订的合同获得报酬。电影作品和以类似摄制电影的方法创作的作品中的剧本、音乐等可以单独使用的作品的作者有权单独行使其著作权。

（五）委托作品著作权人

受委托创作的作品，著作权的归属由委托人和受托人通过合同约定。合同未作明确约定或者没有订立合同的，著作权属于受托人。

（六）职务作品著作权人

公民为完成法人或者其他组织工作任务所创作的作品是职务作品。一般情况下，著作权由作者享有，但法人或者其他组织有权在其业务范围内优先使用。作品完成两年内，未经单位同意，作者不得许可第三人以与单位使用的相同方式使用该作品。特定情况下，作者享有署名权，著作权的其他权利由法人或者其他组织享有，法人或者其他组织可以给予作者奖励。特定情况是指以下两种情况之一：

（1）主要是利用法人或者其他组织的物质技术条件创作，并由法人或者其他组织承担责任的工程设计图、产品设计图、地图、计算机软件等职务作品；

（2）法律、行政法规规定或者合同约定著作权由法人或者其他组织享有的职务作品。

13. 著作权的保护期限是多久？

《著作权法》规定了著作权各项权利的保护期限。

（一）永久保护

署名权、修改权、保护作品完整权这三项著作权人身权利的保护期不受限制，通常也称为"永久保护"。

（二）有限期保护

发表权、《著作权法》第十条第一款第（五）项至第（十七）项规定的财产权（包括：复制权、发行权、出租权、展览权、表演权、放映权、广播权、信息网络传播权、摄制权、改编权、翻译权、汇编权、应当由著作权人享有的其他权利），保护期为作者终生及其死亡后五十年，截止于作者死亡后第五十年的12月31日；如果是合作作品，截止于最后死亡的作者死亡后第五十年的12月31日。

法人或者其他组织的作品、著作权（署名权除外）由法人或者其他组织享有的职务作品，其发表权、《著作权法》第十条第一款第（五）项至第（十七）项规定的权利的保护期为五十年，截止于作品首次发表后第五十年的12月31日，但作品自创作完成后五十年内未发表的，不再受著作权法保护。

电影作品和以类似摄制电影的方法创作的作品、摄影作品，其发表权、《著作权法》第十条第一款第（五）项至第（十七）项规定的经济权利的保护期为五十年，截止于作品首次发表后第五十年的12月31日，但作品自创作完成后五十年内未发表的，不再受著作权法保护。

软件著作权自软件开发完成之日起，自动获得著作权的保护。法人或者其他组织的软件著作权,保护期为五十年,截止于软件首次发表后第五十年的12月31日,但软件自开发完成之日起五十年内未发表的,不再保护。

14. 什么是著作权集体管理组织?

《著作权法》规定,著作权人和与著作权有关的权利人可以授权著作权集体管理组织行使著作权或者与著作权有关的权利。著作权集体管理组织被授权后,可以以自己的名义为著作权人和与著作权有关的权利人主张权利,并可以作为当事人进行涉及著作权或者与著作权有关的权利的诉讼、仲裁活动。著作权集体管理组织是非营利性组织。

《著作权集体管理条例》进一步将著作权集体管理组织明确为:"为权利人的利益依法设立,根据权利人授权、对权利人的著作权或者与著作权有关的权利进行集体管理的社会团体。著作权集体管理组织应当依照有关社会团体登记管理的行政法规和本条例的规定进行登记并开展活动。"

15. 什么是域名?

域名是指用于识别和定位互联网上计算机的层次结构式字符,与该计算机的互联网协议(IP)地址相对应。[1]

域名具有唯一性、识别性,在实践中通常被视为一种知识产权客体而开展申请、保护等活动。

16. 什么是著作权合理使用?

我国著作权制度规定了著作权人和邻接权人的人身权利与财产权利。

---

[1] 知识产权文献与信息 基本词汇:GB/T 21374—2008 [S]. 北京:中国标准出版社,2008:3.

为了鼓励和促进人们的创作积极性，保护这些权利具有重要意义。但是出于社会政策的考虑，在赋予权利人有限垄断的同时，也要满足社会对知识和信息的需要，在一定条件下允许他人不经许可使用，甚至可以无偿使用作品，这种规定一般称为"权利的限制"。在我国著作权制度中确立了两种限制方式：合理使用和法定许可。

合理使用是指在特定情形下可以不经著作权人许可、不向其支付报酬而使用作品的制度，其适用前提是指明作者姓名、作品名称，并且不得侵犯著作权人所享有的其他法定权利。❶

现行法律中对合理使用情形的规定主要如表1所示。

表1 现行法律中对合理使用情形的规定

《著作权法》 合理使用规定	《信息网络传播权保护条例》 合理使用规定	《计算机软件保护条例》 合理使用规定
第二十二条 在下列情况下使用作品，可以不经著作权人许可，不向其支付报酬，但应当指明作者姓名、作品名称，并且不得侵犯著作权人依照本法享有的其他权利： （一）为个人学习、研究或者欣赏，使用他人已经发表的作品； （二）为介绍、评论某一作品或者说明某一问题，在作品中适当引用他人已经发表的作品； （三）为报道时事新闻，在报纸、期刊、广播电台、电视台等媒体中不可避免地再现或者引用已经发表的作品；	第六条 通过信息网络提供他人作品，属于下列情形的，可以不经著作权人许可，不向其支付报酬： （一）为介绍、评论某一作品或者说明某一问题，在向公众提供的作品中适当引用已经发表的作品； （二）为报道时事新闻，在向公众提供的作品中不可避免再现或者引用已经发表的作品； （三）为学校课堂教学或者科学研究，向少数教学、科研人员提供少量已经发表的作品； （四）国家机关为执行公务，在合理范围内向公众提供已发表的作品；	第十七条 为了学习和研究软件内含的设计思想和原理，通过安装、显示、传输或者存储软件等方式使用软件的，可以不经软件著作权人许可，不向其支付报酬

---

❶ 知识产权文献与信息 基本词汇：GB/T 21374—2008 [S]. 北京：中国标准出版社，2008：11.

续表

《著作权法》 合理使用规定	《信息网络传播权保护条例》 合理使用规定	《计算机软件保护条例》 合理使用规定
（四）报纸、期刊、广播电台、电视台等媒体刊登或者播放其他报纸、期刊、广播电台、电视台等媒体已经发表的关于政治、经济、宗教问题的时事性文章，但作者声明不许刊登、播放的除外； （五）报纸、期刊、广播电台、电视台等媒体刊登或者播放在公众集会上发表的讲话，但作者声明不许刊登、播放的除外； （六）为学校课堂教学或者科学研究，翻译或者少量复制已经发表的作品，供教学或者科研人员使用，但不得出版发行； （七）国家机关为执行公务在合理范围内使用已经发表的作品； （八）图书馆、档案馆、纪念馆、博物馆、美术馆等为陈列或者保存版本的需要，复制本馆收藏的作品； （九）免费表演已经发表的作品，该表演未向公众收取费用，也未向表演者支付报酬； （十）对设置或者陈列在室外公共场所的艺术作品进行临摹、绘画、摄影、录像； （十一）将中国公民、法人或者其他组织已经发表的以汉语言文字创作的作品翻译成少数民族语言文字作品在国内出版发行； （十二）将已经发表的作品改成盲文出版。 前款规定适用于对出版者、表演者、录音录像制作者、广播电台、电视台的权利的限制	（五）将中国公民、法人或者其他组织已经发表的、以汉语言文字创作的作品翻译成的少数民族语言文字作品，向中国境内少数民族提供； （六）不以营利为目的，以盲人能够感知的独特方式向盲人提供已经发表的文字作品； （七）向公众提供在信息网络上已经发表的关于政治、经济问题的时事性文章； （八）向公众提供在公众集会上发表的讲话。 第七条 图书馆、档案馆、纪念馆、博物馆、美术馆等可以不经著作权人许可，通过信息网络向本馆馆舍内服务对象提供本馆收藏的合法出版的数字作品和依法为陈列或者保存版本的需要以数字化形式复制的作品，不向其支付报酬，但不得直接或者间接获得经济利益。当事人另有约定的除外。 前款规定的为陈列或者保存版本需要以数字化形式复制的作品，应当是已经损毁或者濒临损毁、丢失或者失窃，或者其存储格式已经过时，并且在市场上无法购买或者只能以明显高于标定的价格购买的作品	第十七条 为了学习和研究软件内含的设计思想和原理，通过安装、显示、传输或者存储软件等方式使用软件的，可以不经软件著作权人许可，不向其支付报酬

17. 什么是著作权法定许可？

法定许可是另一项重要的权利限制方式。法定许可的含义是指根据法律的直接规定，以某些方式使用他人已经发表的作品可以不经著作权人的许可，但应当向著作权人支付使用费，并尊重著作权人的其他各项人身权利和财产权利的制度。❶

现行法律中对法定许可情形的规定主要如表2所示。

表2　现行法律中对法定许可情形的规定

《著作权法》法定许可规定	《信息网络传播权保护条例》法定许可规定
第二十三条　为实施九年制义务教育和国家教育规划而编写出版教科书，除作者事先声明不许使用的外，可以不经著作权人许可，在教科书中汇编已经发表的作品片段或者短小的文字作品、音乐作品或者单幅的美术作品、摄影作品，但应当按照规定支付报酬，指明作者姓名、作品名称，并且不得侵犯著作权人依照本法享有的其他权利。 前款规定适用于对出版者、表演者、录音录像制作者、广播电台、电视台的权利的限制。 第三十三条　第二款　作品刊登后，除著作权人声明不得转载、摘编的外，其他报刊可以转载或者作为文摘、资料刊登，但应当按照规定向著作权人支付报酬。 第四十条　第三款　录音制作者使用他人已合法录制为录音制品的音乐作品制作录音制品，可以不经著作权人许可，但应当按照规定支付报酬；著作权人声明不许使用的不得使用。 第四十三条　第二款　广播电台、电视台播放他人已发表的作品，可以不经著作权人许可，但应当支付报酬。 第四十四条　广播电台、电视台播放已经出版的录音制品，可以不经著作权人许可，但应当支付报酬。当事人另有约定的除外。具体办法由国务院规定	第八条　为通过信息网络实施九年制义务教育或者国家教育规划，可以不经著作权人许可，使用其已经发表作品的片断或者短小的文字作品、音乐作品或者单幅的美术作品、摄影作品制作课件，由制作课件或者依法取得课件的远程教育机构通过信息网络向注册学生提供，但应当向著作权人支付报酬。 第九条　为扶助贫困，通过信息网络向农村地区的公众免费提供中国公民、法人或者其他组织已经发表的种植养殖、防病治病、防灾减灾等与扶助贫困有关的作品和适应基本文化需求的作品，网络服务提供者应当在提供前公告拟提供的作品及其作者、拟支付报酬的标准。自公告之日起30日内，著作权人不同意提供的，网络服务提供者不得提供其作品；自公告之日起满30日，著作权人没有异议的，网络服务提供者可以提供其作品，并按照公告的标准向著作权人支付报酬。网络服务提供者提供著作权人的作品后，著作权人不同意提供的，网络服务提供者应当立即删除著作权人的作品，并按照公告的标准向著作权人支付提供作品期间的报酬。 依照前款规定提供作品的，不得直接或者间接获得经济利益

---

❶ 刘春田. 知识产权法：3版 [M]. 北京：高等教育出版社，2007：125.

18. 什么是开放获取？

开放获取运动（Open Access Movement）的目标是提供科学知识的免费获取和再利用。开放获取作品包括原创性的科研成果、原始数据和元数据、原始资料、数字化的图片图形资料以及学术性多媒体资料。开放获取作品必须满足以下两个条件：（1）作品的作者或著作权所有人须承诺向所有用户提供免费、不能撤回的、全世界范围内存取的权利，允许为任何合理的目的、以任何数字形式复制、利用、传播、传递和公开展示作品，利用和传播衍生文献，只要保证以适当的方式显示作者权利，同时有权为个人利用而印制少量印本；（2）作品的完整版本和所有附加资料（包括上述的许可声明）需要以符合一定标准的电子格式存储在至少一个使用适当的技术标准的在线存储库中。❶

19. 图书馆知识产权工作密切相关的主要法律法规有哪些？

在我国现行法律体系中，知识产权方面的法律法规多达数百件，涵盖法律、行政法规、部门规章、司法解释、规范性文件等不同效力等级，是图书馆开展知识产权工作的法律依据。作为图书馆知识产权工作人员，需要重点了解和掌握与图书馆各项业务密切相关的法律法规内容，这样才能有效利用法律工具顺利推进图书馆业务工作。结合图书馆业务情况，总结图书馆工作中常用的知识产权相关法律法规如表3所示。

---

❶ Bethesda Statement on Open Access Publishing [EB/OL]. [2019-05-14]. http://www.copyright.com/learn/media-download/bethesda-statement-on-open-access-publishing.

表3 图书馆工作中常用的知识产权相关法律法规

知识产权类型	相关法律法规文件名称
综合类	《中华人民共和国民法通则》（2009年） 《中华人民共和国刑法》（2017年） 《中华人民共和国涉外民事关系法律适用法》（2011年） 《中华人民共和国公共图书馆法》（2018年） 《中华人民共和国行政诉讼法》（2017年） 《中华人民共和国行政处罚法》（2018年） 《最高人民法院、最高人民检察院关于办理侵犯知识产权刑事案件具体应用法律若干问题的解释》（2004年） 《最高人民法院、最高人民检察院关于办理侵犯知识产权刑事案件具体应用法律若干问题的解释（二）》（2007年） 《最高人民法院、最高人民检察院、公安部关于办理侵犯知识产权刑事案件适用法律若干问题的意见》（2011年）
著作权	《中华人民共和国著作权法》（2010年） 《中华人民共和国著作权法实施条例》（2013年） 《计算机软件保护条例》（2013年） 《信息网络传播权保护条例》（2013年） 《实施国际著作权条约的规定》（1992年） 《著作权集体管理条例》（2013年） 《使用文字作品支付报酬办法》（2014年） 《互联网著作权行政保护办法》（2005年） 《最高人民法院关于审理著作权民事纠纷案件适用法律若干问题的解释》（2002年） 《最高人民法院关于审理侵害信息网络传播权民事纠纷案件适用法律若干问题的规定》（2013年）
专利权	《中华人民共和国专利法》（2008年） 《中华人民共和国专利法实施细则》（2010年） 《专利代理条例》（2018年） 《国防专利条例》（2004年） 《关于规范专利申请行为的若干规定》（2017年） 《关于修改〈专利审查指南〉的决定》（2017年） 《专利代理管理办法》（2019年） 《专利优先审查管理办法》（2017年） 《专利实施强制许可办法》（2012年） 《专利行政执法办法》（2015年） 《最高人民法院关于审理侵犯专利权纠纷案件应用法律若干问题的解释》（2010年） 《最高人民法院关于审理专利纠纷案件适用法律问题的若干规定》（2015年） 《最高人民法院关于审理侵犯专利权纠纷案件应用法律若干问题的解释（二）》（2016年）

续表

知识产权类型	相关法律法规文件名称
商标权	《中华人民共和国商标法》（2019年） 《中华人民共和国商标法实施条例》（2014年）
域名	《互联网域名管理办法》（2017年） 《中国互联网络信息中心域名注册实施细则》（2012年） 《最高人民法院关于审理涉及计算机网络域名民事纠纷案件适用法律若干问题的解释》（2001年）

20. 开展知识产权国际保护的依据有哪些？

广义上的知识产权国际保护，不仅涉及各国独立制定的保护知识产权的相关法律法规，还包括区域性知识产权保护协议和涉及与知识产权有关的国际公约、条约等。在全球一体化逐步向纵深发展的时代背景下，图书馆对外文化技术交流等活动日益频繁，在实践工作特别是对外合作中，图书馆应加强知识产权国际保护意识，不仅要注重图书馆知识产权成果的国内法保护，更要充分了解和利用国际知识产权相关条约和协定，涉及知识产权的国际保护问题，应尽可能在法律专业人士的指导下开展实践工作。

我国自改革开放以来积极加入国际知识产权组织和缔结相关国际条约，为知识产权的国际保护创造了良好的国际环境（具体国际条约见表4）。需要特别指出的是，国内法对知识产权的保护是知识产权国际保护的基础，我国的知识产权在国外得到保护的依据主要还是目标国的国内法。一国缔结或者加入国际条约，只是承诺对成员国国民的知识产权予以保护，但具体的保护依据仍主要是国内法。如我国《著作权法》第二条规定："中国公民、法人或者其他组织的作品，不论是否发表，依照本法享有著作权。外国人、无国籍人的作品根据其作者所属国或者经常居住地国同中国签订的协议或者共同参加的国际条约享有的著作权，受本法保护。

外国人、无国籍人的作品首先在中国境内出版的,依照本法享有著作权。未与中国签订协议或者共同参加国际条约的国家的作者以及无国籍人的作品首次在中国参加的国际条约的成员国出版的,或者在成员国和非成员国同时出版的,受本法保护。"

表4 中国自改革开放以来加入的国际知识产权组织和缔结的相关国际条约

国际条约名称	中国加入时间
《建立世界知识产权组织公约》(简称《WIPO公约》)	1980年6月3日
《保护工业产权巴黎公约》(简称《巴黎公约》)	1985年3月19日
《专利合作条约》(简称《PCT条约》)	1994年1月1日
《商标国际注册马德里协定(简称《马德里协定》)	1989年10月4日
《商标注册用商品和服务国际分类尼斯协定》(简称《尼斯协定》)	1994年8月9日
《保护集成电路知识产权的华盛顿公约》(简称《华盛顿公约》)	1989年
《保护文学和艺术作品伯尔尼公约》(简称《伯尔尼公约》)	1992年10月15日
《保护表演者、录音制品制作者和广播组织国际公约》(简称《罗马公约》)	1993年4月30日
《保护唱片制作者禁止未经许可复制其录音制品公约》(简称《日内瓦公约》)	1993年4月30日
《世界知识产权组织版权条约》(简称WCT)	2006年12月29日
《世界知识产权组织表演和录音制品条约》(简称WPPT)	2006年12月29日
《国际保护植物新品种公约》(简称《UPOV公约》)	1999年4月23日
《世界版权公约》(简称UCC)	1992年10月30日
《与贸易有关的知识产权协定》(简称《TRIPS协议》)	2001年12月11日
《视听表演北京条约》	2012年6月26日
《残疾人权利公约》	2008年6月26日
《儿童权利公约》	2007年3月30日
《建立工业品外观设计国际分类洛迦诺协定》(简称《洛迦诺协定》)	1996年9月19日
《国际专利分类斯特拉斯堡协定》(简称《斯特拉斯堡协定》)	1997年6月19日
《国际承认用于专利程序的微生物保存布达佩斯条约》(简称《布达佩斯条约》)	1995年7月1日

第二部分　图书馆知识产权管理

知识产权工作贯穿图书馆管理、资源建设、用户服务、信息化建设等方方面面，开展知识产权管理是图书馆管理工作的一项重要内容。围绕知识产权开展的管理工作，不但需要图书馆考虑制度、岗位、人员队伍等一般性管理要素，还需要针对知识产权工作的特点，构建知识产权风险管理体系，建立知识产权信息库，开展知识产权方面的协作建设，考虑适用于知识产权管理工作的专门性管理要素。做好知识产权管理工作，是图书馆事业发展到当前阶段的必然要求，也是知识产权事业在图书馆领域实践和发展的重要体现。

21. 图书馆哪些工作涉及知识产权？

知识产权是基于文化、艺术和科学作品以及专利和商标等产生的专有权利，与图书馆文献资源建设、服务以及管理工作的各个方面都有着密切的联系，主要体现在以下几点。

一、文献资源建设工作

在实体文献采购、商业数据库采购、文献交存（呈缴）、开放获取资源建设、文献数字化、自建数据库、网络资源采集、网站建设、文献捐赠与交换等各项业务中，基于不同媒介的文献资源数据和数据所涉及的著作权都属于文献资源建设的工作内容。在数字资源建设中，著作权相关的建设工作更为突出。

二、用户服务工作

随着信息技术的发展和图书馆业务范围的拓展，图书馆服务形式越来越丰富多样。在阅览服务、外借服务、文献复制服务、参考咨询服务、文献传递与馆际互借服务、讲座与培训服务、展览服务、新媒体服务、文化创意活动、残疾人信息服务中，实际上都是以不同的形式向用户展示和传播作品以及产品。因此，对著作权、专利权、商标权、域名的应用成为图书馆用户服务中的重要内容。

三、信息化工作

图书馆业务中应用的自动化系统以及相关的技术模型、工作方法等，涉及计算机软件著作权、专利权等相关知识产权问题，在进行系统开发或者引进的过程中，必须妥善处理知识产权问题，才能为软件系统的应用和图书馆业务的正常开展提供有效保障。

四、图书馆管理工作

图书馆是知识产权创造和应用活跃度较高的领域，知识产权管理对图书馆业务流程、规章制度、管理机制等方面都具有直接的影响作用，如何对大量不同类型的知识产权进行有效管理是新时代图书馆管理工作面临的一项重要课题。

22. 图书馆为什么需要开展知识产权工作？

在《国家知识产权战略纲要》《深入实施国家知识产权战略行动计划（2014—2020年）》《关于新形势下加快知识产权强国建设的若干意见》等一系列国家政策法规保障及推动之下，我国知识产权工作整体上得到了快速发展。图书馆主要利用文献资源开展信息服务及专业性创新工作，在知识产权制度深化发展和图书馆服务不断拓展的背景下，知识产权工作对图书馆事业的影响日益增强。近年来，图书馆行业的知识产权意识显著提升，图书馆开展知识产权创造和保护的活动十分活跃，相对而言，知识产权运用和管理还比较薄弱。有效开展知识产权创造、运用、保护和管理工作，对于加强图书馆知识产权能力建设、保护创新成果、促进知识的创建与传播、保障公众获取信息的权利具有重要意义，也是推进我国文化法制建设、保障和实现公民文化权益的必然要求。

23. 图书馆知识产权工作遵循哪些原则？

图书馆开展知识产权工作，应当按照《国家知识产权战略纲要》确定的"激励创造、有效运用、依法保护、科学管理"工作方针，遵循公益性原则、利益平衡原则、实用性原则，确保图书馆知识产权工作健康、科学、可持续发展。

一、公益性原则

作为公共文化机构的图书馆，其知识产权工作不以营利为目的，而是致力于促进知识的创建与传播，保障公众获取信息的权利，满足公众的信息需求。

二、利益平衡原则

图书馆既要保护知识产权权利人的利益，也要最大限度保护图书馆及社会公众获取信息的利益，推动实现各方利益平衡。

三、实用性原则

图书馆进行知识产权创造、运用、保护、管理的方案和手段应具有可操作性，符合图书馆工作需要，同时也应符合知识产权保护与创造需要，这样有利于图书馆事业和知识产权事业的发展。

24. 图书馆知识产权工作的主要目标是什么？

图书馆应从职责定位和工作需求出发设定知识产权工作目标，包括关系到事业发展的宏观层面目标和具体业务开展的微观层面目标。

（1）响应深入实施国家知识产权战略方针，达到加快建设知识产权强国的时代要求。

（2）形成图书馆知识产权创造、运用、保护和管理的全流程体系，加强图书馆知识产权制度建设和能力建设。

（3）规避侵权风险，加强图书馆知识产权管理，做好知识产权权责关系梳理，明晰权利使用范围和授权期限，尽最大可能降低图书馆的知识产权风险。

（4）促进创新，保护自有知识产权。图书馆可通过多种方式开展自主知识产权创造，加强知识产权运用与保护，实现知识产权价值最大化。

（5）保障用户信息需求，充分利用现代信息技术，加强资源建设与服务的知识产权管理，有效推动图书馆馆藏的深入开发与利用，不断适应用户新需求，满足社会公众日益增长的精神文化需要。

25. 图书馆如何建立知识产权管理制度？

图书馆知识产权管理制度整体上包括知识产权业务管理规章制度和读者知识产权规章制度两个部分。

一、知识产权业务管理规章制度

图书馆可制定专门性的知识产权业务管理办法，或在综合性的业务管理规章制度中纳入知识产权业务管理要求，内容包括但不限于：

（1）知识产权信息登记；

（2）知识产权许可与转让；

（3）知识产权许可与转让的接受；

（4）保护他人知识产权；

（5）保护自有知识产权；

（6）知识产权侵权处理；

（7）知识产权合同、档案管理；

（8）知识产权资产评估；

（9）知识产权工作考核评价。

二、读者知识产权规章制度

读者知识产权规章制度主要由读者知识产权指南、图书馆网站及特定资源与服务页面的知识产权声明等组成，主要目的是对读者使用图书馆资源与服务的行为做出引导，内容包括但不限于：

（1）受保护资源的类型或范围；

（2）知识产权归属；

（3）权利声明；

（4）免责声明；

（5）合理使用政策；

（6）侵权救济。

26. 图书馆如何设置知识产权工作岗位？

图书馆设立知识产权工作岗位时，需要确定岗位职责、明确岗位要求，以更有效地发挥其作用。

一、确定岗位职责

图书馆的性质、规模、服务对象、业务范围不同，知识产权岗位的具体职责也存在差异。一般应包括如下方面的职责：

（1）协助图书馆管理者制定图书馆知识产权管理规划与相关规章制度，规范图书馆在知识产权方面的工作；

（2）为图书馆资源建设与利用、用户服务提供知识产权支持。确保图书馆能够最大限度地利用知识产权相关法律法规赋予图书馆的合法权利进行资源建设与服务；

（3）通过多种途径获得知识产权许可与授权使用，参与知识产权相关合同的制定与谈判，丰富授权资源，更好地服务用户，为图书馆工作提供支撑；

（4）对图书馆工作中的各个环节进行监测，做好知识产权风险预警，避免出现知识产权纠纷；

（5）提供与知识产权相关的参考咨询、培训与建议。提供知识产权法律法规和图书馆所制定的各种知识产权政策的解释与咨询，解答关于知识产权、授权及权限的问题；开展培训，向工作人员讲授关于知识产权管理的案例、要求和问题，向用户传达知识产权权限、合理使用信息等。

二、明确岗位要求

图书馆在设置知识产权管理岗位时，可结合我国法律环境与图书馆业务实际需求，聘用符合岗位素养要求的人员。一般应包括如下知识与技能：

（1）了解《世界版权公约》等知识产权相关国际法律与条约；

（2）熟练掌握我国知识产权相关法律法规知识；

（3）了解图书馆协会或其他国家图书馆协会有关图书馆可适用的著作权例外的声明性文件、原则或指南；

（4）全面了解图书馆资源与服务，熟悉图书馆资源建设、信息服务、信息化建设、文化创意活动和数字资源管理等方面的专业知识；

（5）了解知识产权市场的情况和知识产权交易的惯例与规则；

（6）具备优秀的谈判能力，以利于在知识产权协议的签署过程中为图书馆争取利益；

（7）具备良好的沟通能力与表达能力，能完成图书馆知识产权相关的咨询、培训、宣传等工作。

27. 图书馆如何建设知识产权工作人员队伍？

在一般情况下，图书馆可以通过设立专门组织机构、专业岗位，或委托专业机构代管的形式开展知识产权工作，根据管理模式明确设定不同的岗位职责。

一、知识产权管理责任人职责

图书馆应当明确知识产权管理工作的第一责任人，主要承担以下职责：

（1）批准和发布知识产权工作目标；

（2）批准和发布知识产权管理方针、政策、规划；

（3）审核和决定重大知识产权事项；

（4）明确知识产权管理职责与权限；

（5）保障知识产权管理工作的相关资源配备；

（6）协调馆内外知识产权相关工作；

（7）定期评审并改进知识产权管理体系。

二、知识产权一般管理人员职责

知识产权管理人员接受上级责任人管理，其工作职责包括但不限于：

（1）制定知识产权发展政策与规划；

（2）策划建立知识产权管理体系并组织实施；

（3）审查、监督和实施知识产权各项工作；

（4）处理重大知识产权事务；

（5）组织实施合同审核、纠纷处理等法务工作；

（6）定期评价与报告知识产权工作情况。

三、知识产权业务人员职责

知识产权业务人员接受上级管理人员管理，其工作职责包括但不限于：

（1）具体实施知识产权发展规划、制度；

（2）具体执行本馆与知识产权相关的各项工作；

（3）及时向管理人员报告有关工作信息。

根据知识产权管理需要，图书馆可以委托机构或聘请有关专家或法律专业人士作为知识产权顾问，为本馆知识产权相关事务提供决策咨询、法务咨询等。

图书馆应对本馆各级员工开展知识产权教育和培训，提高知识产权意识和能力，提升人员队伍的专业素养。

28. 图书馆如何构建知识产权风险管理体系？

为及时有效发现和控制各项业务工作中的知识产权风险，图书馆一般应开展知识产权风险梳理、分析与评估等系列工作，提出风险预控与风险消解方案，持续监控工作中的知识产权高风险环节，及时做出风险预警，对知识产权风险实现事前防患于未然、事中有力控制、事后妥善处理。一套行之有效的知识产权风险管理体系包括但不限于以下内容。

一、知识产权风险评估

在知识产权风险预防阶段，图书馆首先需要对已建设和提供资源以及计划建设和提供资源的服务方式、服务范围、服务现状等进行梳理，评估相关工作的知识产权风险。在知识产权风险识别和分析的基础上，根据图书馆对风险的承受能力，以风险的严重程度和损害后果发生的可能性为标准，完成知识产权风险分级。

二、知识产权风险预控

提高图书馆知识产权风险意识，在制度、人员、经费、技术等方面提供支持，加强风险防范，建立风险预控机制。在开展资源建设和服务的过程中，跟踪监测本馆许可和转让知识产权的权限和范围，分析潜在权利纠纷以及对本馆的影响，及时纠正知识产权使用不当的行为。

三、知识产权风险消解

消解知识产权风险需要建立相应的应急响应机制，采取合法有效的措施处置知识产权突发事件，降低事件损害程度和不利影响。

图书馆应了解知识产权侵权救济类型、途径，运用侵权救济手段有效维护图书馆权益。侵权救济方式主要包括协商解决、仲裁、诉讼等。

在知识产权风险管理制度建设方面，图书馆需完善管理制度，建设知识产权工作人员队伍，可委托专门法律机构或法律专业人员处理知识产权法务咨询、合同审核、纠纷处理等事宜，全面加强风险管控。

29. 图书馆建立知识产权信息库的主要目标是什么？

组织和管理与图书馆业务工作及运行管理相关的知识产权信息，建立数据库并定期整理和维护，有利于图书馆全面加强知识产权管理，通过整体规划和规范管理，切实有效提高图书馆知识产权创造、运用、保护和管理能力，从而促进图书馆业务工作的全面发展。建立图书馆知识产权信息库的主要目标包括以下几个方面。

一、保障信息及时性

及时补充和更新图书馆知识产权信息，为开展各项文献信息资源建设和服务提供实时有效的知识产权支撑。

二、保障信息完整性

完整采集本馆知识产权信息，全面覆盖图书馆相关的全部知识产权项目，并深度采集每个项目知识产权的详细信息，为开展知识产权工作管理、规划、评估和知识产权运用提供基础数据。

三、实现管理系统化

建立分级分类管理体系，对知识产权做规范归档，支持知识产权信息有序流动，并确保知识产权信息安全。

四、实现利用便捷化

知识产权信息库应做到功能基本完备，用户界面友好，与图书馆其他信息系统之间建立适用的数据接口，便于图书馆开展各种形式的查询和应用。

30. 图书馆知识产权信息库可包括哪些内容？

知识产权信息库为图书馆知识产权实践工作提供信息保障，其数据内容建设应遵循准确、全面、适用、及时更新的原则，包括但不限于：

（1）图书馆资源的知识产权状态登记；
（2）知识产权相关的合同信息管理；
（3）图书馆专利、商标、著作权、域名等知识产权产生、申请、注册、登记、评估的原始文档以及过程记录；
（4）图书馆涉及知识产权争议的法律文件；
（5）其他知识产权业务档案。

31. 图书馆开展知识产权工作评估的主要目的是什么？

图书馆实施知识产权工作评估，目的是根据知识产权工作目标、方针和评估的结果，及时分析、总结知识产权创造、保护、运用和管理方面的经验，检验图书馆知识产权策略以及相关联的资源建设和服务策略实施效果，发现图书馆工作机制和业务实践中存在的问题，制定和落实针对问题的改进措施，持续优化知识产权管理体系，确保知识产权管理体系对图书馆工作发展的有效性和适宜性。

32. 图书馆知识产权工作评估可包括哪些内容？

图书馆应适时开展知识产权工作绩效评估，可以选择由上级主管单位、本馆管理人员或外部专业机构运用定性、定量评估方法定期对知识产权工作进行评估，评估内容包括但不限于以下方面：

（1）知识产权管理制度；

（2）知识产权保护机制与纠纷处理方式；

（3）知识产权投入产出；

（4）知识产权转化推广。

33. 通过哪些方式可以实现图书馆知识产权工作协作共享？

围绕知识产权工作开展的协作共享是图书馆共建共享的一个重要方面，图书馆可选择适当的方式与同行业或其他机构以及个人合作，促进知识产权工作顺利实施。开展知识产权合作的主要方式有：

（1）与图书馆等公共文化服务机构、公益性文化机构、科研机构、高等院校、出版机构等合作，研发、转化、推广知识产权成果；

（2）与图书馆等公共文化服务机构、公益性文化机构、科研机构、高等院校、出版机构等合作，对自有知识产权进行交叉许可；

（3）联合其他机构与知识产权权利人、出版机构、著作权集体管理组织合作，协作获取知识产权授权；

（4）共建、共享知识产权信息库。

 **实践示例**

制定图书馆版权政策——EIFL 指南[1]

此指南意在突出考虑制定图书馆版权政策时应注意的问题,包括如何起草一项版权政策以及该政策应包含的要素。我们欢迎更多图书馆版权政策的实例。图书馆或来自 EIFL 合作伙伴的图书馆员制定版权政策时可以联系"EIFL 版权项目"获得免费的建议或支持。

1. 什么是图书馆版权政策?

图书馆的版权政策是在图书馆提供服务时厘清版权问题、辅助图书馆及上级机构管理风险的工具。它应达到以下三个基本目标:

● 遵守——在对图书馆工作人员和用户复制版权保护期内资料进行管理时保持一致性,以避免侵权行为,同时遵从本国版权法和本馆电子资源的许可协议。

● 指引——为图书馆工作人员和用户提供与版权相关的图书馆服务与图书馆资源利用各方面的指导。

● 教育——教育图书馆工作人员与用户(如大学教师和学生)关于版权的知识。

图书馆应定期检查与更新版权政策以反映图书馆信息环境的变化,尤其是当国家立法、图书馆电子资源的许可协议、图书馆工作人员和用户对资源的使用发生改变以后,以及图书馆引进新服务时。

2. 为什么图书馆需要制定版权政策?

图书馆可能主动决定制定版权政策,用以向图书馆工作人员和用户提

---

[1] 图书馆电子信息联盟. 制定图书馆版权政策——EIFL 指南 [J]. 邱奉捷,译. 图书情报研究, 2014 (4): 13 – 16.

供图书馆工作方面的信息；也可能图书馆被上级管理机构要求制定版权政策，作为知识产权相关的机构政策的一部分。在这两种情况下，图书馆版权政策旨在回答工作人员和用户关于版权和图书馆服务提供方面的问题。它通常包含"常见问题"（FAQ）部分——帮助解答常见咨询。通过明确指示能做什么和不该做什么，图书馆版权政策也是减轻图书馆和上级管理机构负担的一个有效工具。

3. 我的图书馆需要版权政策吗？

首先，考虑版权政策是否对你的图书馆有益。起草一个版权政策需要花费时间和精力，而且在某些情况下，一个对日常应用来说过于僵化的版权政策不如没有。

初步考虑的问题：

- 图书馆提供了哪些服务，哪些会涉及受版权保护的内容？
- 这些服务如何遵循本国著作权法和/或图书馆的许可协议？
- 例如，以下图书馆行为可能涉及侵权风险：
  ◇ 用户自助复制（影印、打印、下载）；
  ◇ 图书馆工作人员为用户复制；
  ◇ 馆际文献提供；
  ◇ 制作课程资料包；
  ◇ 馆藏资源数字化；
  ◇ 孤儿作品的使用。例如，数字化。
- 哪些风险行为不可行？
- 哪些风险行为是可行的？

在考虑风险时，必须考虑到上级机构被权利人或者著作权集体管理组织（出版商协会或复制权组织）起诉的可能性。要注意这种风险通常由上级机构来承担，因为图书馆可能不是独立的法人实体。因此，与机构当局讨论风险和责任问题很重要。图书馆员通常不会以个人身份因其行为或纵容的行为被权利人起诉。然而也可能造成其他后果，例如，影响该图书馆馆员的职业前景。

- 该政策是否会被遵守？如果没有遵守，我们怎样处理？
- 如果版权政策没有被遵守，会对工作人员、图书馆、机构造成怎样的法律、制度和其他后果？
- 是否已有关于版权或知识产权的机构政策？如果有，图书馆版权政策如何与之相符？

4. 制定版权政策

如果你决定制定一项版权政策，它应当：

（1）帮助明确图书馆员和用户在版权法规定下有哪些自由，以及确保符合法律规定；

（2）为图书馆工作人员提供足够的信息以支持他们在版权清算和数字化问题上的决策；

（3）为解决版权方面常见问题提供确定信息；

（4）帮助确保符合图书馆持有的许可协议。

该政策可能包括一些或全部下列元素：

（1）政策目的。

（2）关于图书馆提供知识和学习资料获取角色和使命的原则，以及图书馆遵循所有相关国家立法的责任的声明。

（3）国家版权法的基本知识——与图书馆服务提供的相关规定，尤其是例外与限制。

（4）用户规则——指导用户行为符合法律或协议许可：

- 用户复制行为；
- 教学人员为教育和研究目的的复制；
- 学生为学习和研究目的的复制；
- 为方便残障人士使用而进行的复制；
- 在图书馆中使用数码相机或手持式扫描仪；
- 格式转换；

- 在电子学习工具上使用图书馆的资源。

（5）图书馆员复制文献和为以下目的进行文献数字化的程序：

- 用户个人使用；
- 教育和学习（在教室或远程学习）；
- 研究目的；
- 图书馆内部用途；
- 残障人士使用。

（6）寻求允许/版权清算——关于如何实施的建议。

（7）学生作品（如论文和学位论文）的版权。

（8）抄袭。

（9）本图书馆管理的开放存取库——存取库许可和规定。

（10）免责声明。

（11）索引和/或目录。

（12）版权问题的联系人。

（13）常见问题。

5. 其他图书馆的版权政策什么样？

许多图书馆（或机构）的版权政策发布在网上，以下是一些实例。需要注意的是这些版权政策的制定遵循了图书馆（或机构）所在国的版权法律。因此这些政策的结构能提供参考，但是内容不一定适合您所在的国家。另外，将它们列入只是为了举例，并不意味着任何建议或认可。

英国高等教育机构版权页面 http：//www. lboro. ac. uk/library/skills/crightpages. html。

合理使用和版权指南与政策 http：//fairuse. stanford. edu/library_resources/——一些美国大学、协会和组织的版权政策链接。

两个有用的模板：

亚历山大图书馆（埃及）http：//www. bibalex. org/libraries/presentation/static/15680. aspx。

牛津大学博多莱安图书馆（英国）http：//www.bodleian.ox.ac.uk/bodley/services/copy/copyright。

6. 常见问题

"常见问题"（FAQs）是为回答图书馆工作人员和用户问题提供清晰简明的信息的一种有效方式。

下列问题来自于牛津大学博多莱安图书馆（http：//www.bodleian.ox.ac.uk/bodley/services/copy/copyright）。相应的答案参见 http：//www.bodleian.ox.ac.uk/bodley/services/copy/copyright，需要注意的是这些答案也许并不适用于您所在的国家。

适用于每个人的问题：

1-1：我能从图书和期刊中影印多少内容？

1-2：在其他哪些条件下能够复制资料？

1-3：资料的版权保护期有多长？

1-4：如果作品不在版权保护期内，我可以自由复制吗？

1-5：这本书或期刊归我所有，为什么我不能随意影印？

1-6：我可以把这篇文章扫描以后放在网站上吗？

1-7：我可以把这篇文章拷在光盘里吗？

1-8：在没有寻求权利人允许的情况下，我可以通过哪些方式使用网页？

1-9：我可以把这个链接设置在我的网页上吗？

1-10：我可以从电子期刊上下载或打印文章吗？

1-11："文字资料"在版权术语中是什么意思？

1-12：我怎样获得复制资料的许可？

特殊资料的问题：

2-1："艺术资料"在版权术语中是什么意思？

2-2：复制地图有哪些规定？

2-3：复制英国政府出版物有哪些规定？

2-4：复制英国报纸有哪些规定？

2-5：复制乐谱和录制的音乐有哪些规定？

2-6：关于录制广播和电视节目有哪些规定？

2-7：录制英国开放大学（一所远程教育大学）的电视节目有什么规定？

2-8："口述历史"或类似项目会有哪些版权问题？

2-9：使用艺术作品（如图书插图）制作幻灯片有哪些规定？

2-10：我可以在我的网页上使用这张图吗？

适用于学生的问题：

3-1：为了完成论文/学位论文/项目/评论性文章的需要，我可以复制资料吗？

适用于教学人员的问题：

4-1：这篇文章/这一章/这本书是我写的，为什么我不能任意影印？

4-2：我能为了我的研究需要复印这个资料吗？

4-3：在我的一次性讲座中制作幻灯片展示一张受版权保护的图片是否需要获得许可？

4-4：使用幻灯机或类似设备展示一张受版权保护的图片是否需要获得许可？

4-5：我可以为我的学生打印一个网页并复制吗？

4-6：我可以将零碎的或者完整的课程阅读材料制作多份影印件在课堂上分发吗？

4-7：我可以为远程学员复印资料吗？

4-8：针对为视障学生复印有哪些规定？

4-9：这篇文章是我撰写的，我能否将它的影印件放入图书馆的"短期借阅馆藏"（Short Loan Collection）中？

4-10：我在设置考试题目时是否能复制某份资料？

4-11：我是否能向除了学生和同事之外的人分发资料的复印件？

适用于图书馆的问题:

5-1:关于图书馆工作人员复印有哪些规定(如特藏资料,远程网站,远程读者)?

5-2:版权许可代理机构(CLA)允许做什么?

5-3:复制视听资料有哪些规定?

5-4:复制非正式出版物有哪些规定?

7. 如何起草图书馆版权政策

7.1 征询意见

图书馆在支持教师和学生的教学与研究方面的活动与服务范围很广泛,因此征询意见有助于明确版权政策的相关问题。

建议的有代表性征询意见对象范围:

(1)图书馆同事——尤其是一线工作人员和处理版权清算、数字资源许可、翻印许可等版权问题的工作人员。

(2)学术、行政和管理人员。

(3)学生代表,如学生会或图书馆学生委员会成员。

7.2 实施风险评估

征询意见之后,应针对图书馆提供或计划提供的活动与服务潜在的侵权责任实施一个简单的风险评估。风险评估应有图书馆或机构的法律顾问或机构的法律学院参与。

7.3 纳入免责声明

在版权政策中纳入免责声明十分重要。免责声明有助于减少贵机构在版权政策中提供信息所承担的责任,但是:

(1)如果版权政策中提供的信息有误,受其影响的人要寻求赔偿,免责声明不会使你完全免除责任,但是它能够表明所提供的建议或信息的基础以及适用限制。

(2)免责声明应指出所提供信息、说明或建议的真实性与准确性,但并不构成任何法律建议。如有需要,应向机构的法律部门寻求法律建议。

通常免责声明如下所示：

本文档中的内容不构成法律建议协议或导致"律师—当事人"关系的建立。[机构名称]已尽最大努力确保本文档信息的准确性，因此不承担与此相关的任何行为或不作为的法律或其他责任。

7.4 再次征询意见

将起草的版权政策交付给最初向其征询意见的利益相关人员。组织一次会议或搜集反馈信息可能很有用，可以在完成政策起草之前将利益相关者的评价考虑在内。这有助于增进利益相关者对政策的理解，将它视为有效工具。

图书馆版权政策得到上级机构的正式采纳或批准很重要。

8. 教育与推广

为了让版权政策行之有效，除了公布出来，还应通过教育与培训工作人员和用户积极推广。

（1）对于图书馆工作人员，可以采取由当地图书馆版权专家讲授短期研讨班或为期一天的课程等形式进行。课程应侧重于该政策的不同方面，并且提供一些普及性的知识，以提高版权问题意识。

（2）对于机构工作人员（如教师）和学生，可以分阶段提供培训内容，作为图书馆入门指导和信息素养技能培训的一部分。

这种面对面的活动还可能给图书馆带来有益的边际效应，因为这些活动使图书馆成为一个机构的专业知识中心，提升了图书馆的地位。

第三部分　图书馆文献资源建设知识产权问题

随着我国权利人知识产权保护意识的增强，国家对知识产权司法保护力度的加大，文献资源的著作权保护要求日益提升。图书馆应重视在资源建设的前置环节对知识产权进行风险管理，无论通过文献数字化或自建数据库等方式直接开发馆藏资源，还是通过商业采购或网络资源采集等引进方式进行资源建设，都应该遵循"先授权后使用"的基本原则，既要满足用户的信息需求，又要注意最大限度尊重和保护著作权人权利，兼顾个人利益和社会利益的整体平衡。图书馆文献资源建设的知识产权策略一般包括优先使用已经进入公有领域的资源，在法律规定范围内充分利用合理使用和法定许可使用资源，使用尚在著作权保护期内的资源需首先取得权利人的明确授权，同时尽到合理注意义务审查权利状态，并通过书面合同的形式保护自身合法利益。

34. 图书馆可以通过合同向哪些主体取得知识产权授权？

图书馆可通过合同约定的方式，向知识产权自有权利人、拥有知识产权转授权的中间商、知识产权代理组织等取得知识产权授权。可提供授权的知识产权主体具体包括作者、商标权人、专利权人、出版机构、数字资源集成商、知识产权集体管理组织、知识产权代理机构、开放获取资源提供者等。不同类型主体所享有的知识产权权利内容、时限、可授权范围等存在很大不同，图书馆需要依据知识产权类型和授权主体的特征制定授权方案。

在开展文献资源建设的过程中，主要涉及各类文献作品的著作权授权工作，少量涉及专利权授权工作。在开展文化创意资源开发利用的过程中，则主要涉及著作权、专利权和商标权授权工作。

35. 如何判断专利权的权利归属？

专利权的类型与权利归属判断标准见表5。

表5 专利权的类型与权利归属

类型		权利归属	备注
职务发明创造	执行本单位的任务或者主要是利用本单位的物质技术条件所完成的发明创造为职务发明创造	1. 单位与发明人或者设计人订有合同，对申请专利的权利和专利权的归属作出约定的，从其约定。 2. 未订有合同，申请专利的权利属于该单位；申请被批准后，该单位为专利权人	1. 除特殊情况外，同样的发明创造只能授予一项专利权。 2. 两个以上的申请人分别就同样的发明创造申请专利的，专利权授予最先申请的人。 3. 专利申请权和专利权可以转让
非职务发明创造	不以完成本单位工作任务或未利用本单位物质技术条件所完成的发明创造	申请专利的权利属于发明人或者设计人；申请被批准后，该发明人或者设计人为专利权人	
合作发明创造	两个以上单位或者个人合作完成的发明创造	1. 合作双方或委托双方订有合同，对申请专利的权利和专利权的归属作出约定的，从其约定。 2. 未有约定的，申请专利的权利属于完成或者共同完成的单位或者个人；申请被批准后，申请的单位或者个人为专利权人	
委托发明创造	一个单位或者个人接受其他单位或者个人委托所完成的发明创造		

36. 如何判断商标权的权利归属？

经商标局核准注册的商标为注册商标，包括商品商标、服务商标和集体商标、证明商标。商标注册人享有商标专用权，受法律保护。两个以上的自然人、法人或者其他组织可以共同向商标局申请注册同一商标，共同享有和行使该商标专用权。

37. 如何判断作品著作权的权利归属？

作品著作权权利归属的判断需要综合作者在作品创造过程中的作用和作品的不同创造形式来考虑（表6）。

表6 作品类型与著作权权利归属和限制

作品类型		权利归属	权利限制
非职务作品	原创作品：由公民、法人或者其他组织承担责任的原创作品	作者	—
	演绎作品：改编、翻译、注释、整理已有作品而产生的作品	改编、翻译、注释、整理者	行使著作权时，不得侵犯原作品的著作权
	汇编作品：汇编若干作品、作品的片段或者不构成作品的数据或者其他材料，对其内容的选择或者编排体现独创性的作品	汇编人	行使著作权时，不得侵犯原作品的著作权
	电影作品和以类似摄制电影的方法创作的作品：摄制在一定介质上，由一系列有伴音或者无伴音的画面组成，并且借助适当装置放映或以其他方式传播的作品	制片者	1. 编剧、导演、摄影、作词、作曲等作者享有署名权，并有权按照与制片者签订的合同获得报酬。2. 作品中的剧本、音乐等可以单独使用的作品的作者有权单独行使其著作权
	美术作品：绘画、书法、雕塑等以线条、色彩或者其他方式构成的有审美意义的平面或者立体的造型艺术作品	作者享有著作权，美术作品原件所有人享有展览权	作品原件所有权的转移，不视为作品著作权的转移

续表

作品类型		权利归属	权利限制
职务作品 公民为完成法人或者其他组织工作任务所创作的作品	一般职务作品	作者	1. 法人或者其他组织有权在其业务范围内优先使用； 2. 作品完成两年内，未经单位同意，作者不得许可第三人以与单位使用的相同方式使用该作品；经单位同意，作者许可第三人以与单位使用的相同方式使用作品所获报酬，由作者与单位按约定的比例分配
	特殊职务作品：主要是利用法人或者其他组织的物质技术条件创作，并由法人或者其他组织承担责任的工程设计图、产品设计图、地图、计算机软件等职务作品；法律、行政法规规定或者合同约定著作权由法人或者其他组织享有的职务作品	作者享有署名权，著作权的其他权利由法人或者其他组织享有	法人或者其他组织可以给予作者奖励
合作作品	两个以上单位或者个人合作创作的作品	合作作者共同享有	1. 合作作品可以分割使用的，作者对各自创作的部分可以单独享有著作权，但行使著作权时不得侵犯合作作品整体的著作权。 2. 合作作品不可以分割使用的，其著作权由各合作作者共同享有，通过协商一致行使；不能协商一致，又无正当理由的，任何一方不得阻止他方行使除转让以外的其他权利，但是所得收益应当合理分配给所有合作作者

续表

作品类型		权利归属	权利限制
委托作品	一个单位或者个人接受其他单位或者个人委托所创作的作品	著作权的归属由委托人和受托人通过合同约定	合同未作明确约定或者没有订立合同的,著作权属于受托人

38. 如何判断计算机软件著作权的权利归属?

计算机软件属于《著作权法》规定的一种作品,《著作权法》和《计算机软件保护条例》对计算机软件的权利归属均作出了相应的规定(表7)。

表7 计算机软件的权利归属和权利限制

作品类型		权利归属	权利限制
非职务作品		软件开发者	—
职务作品	针对本职工作中明确指定的开发目标所开发的软件	单位所有	单位可对软件开发人员进行奖励
	开发的软件是从事本职工作活动所预见的结果或者自然的结果		
	主要使用了法人或者其他组织的资金、专用设备、未公开的专门信息等物质技术条件所开发并由法人或其他组织承担责任的软件		
合作开发	两个以上单位或者个人合作完成的计算机软件开发	著作权归属由合作双方通过合同约定	无书面合同或者合同未作明确约定的: 1. 合作开发的软件可以分割使用的,开发者对各自开发的部分可以单独享有著作权;但是行使著作权时,不得扩展到合作开发的软件整体的著作权。 2. 合作开发的软件不能分割使用的,其著作权由合作开发者共同享有,通过协商一致行使;不能协商一致,又无正当理由的,任何一方不得阻止他方行使除转让权以外的其他权利,但是所有收益应当合理分配给所有合作开发者

续表

作品类型		权利归属	权利限制
委托开发	一个单位或者个人接受其他单位或者个人委托所完成的计算机软件开发	著作权的归属由委托人和受托人通过合同约定	无书面合同或者合同未作明确约定的，其著作权由受托人享有

39. 图书馆可使用的著作权法定授权资源包括哪些？

图书馆开展文献资源建设，特别是开展数字资源建设，主要依托取得著作权法定授权的资源完成。目前，图书馆使用的法定授权资源形式包括自有版权资源、公有领域资源、合理使用资源、法定许可资源等。

一、自有版权资源

自有版权资源指图书馆通过自主创作开发的资源，包括由第三方智力创作但知识产权归属图书馆的资源。例如，自建特色数据库，自主开发的文化创意产品，图书馆组织拍摄的视频、音频资源，如宣传片、讲座、纪录片等。

二、公有领域资源

图书馆应用的著作权公有领域资源主要有以下四种情况。

（1）法定权利保护期届满的作品，《著作权法》具体规定了各类型作品的法定权利保护期，在实践中可根据法律规定进行研判。自然人死亡后五十年，其创作作品的发表权和财产权利不再受著作权保护；法人或者其他组织的作品、著作权（署名权除外）由法人或者其他组织享有的职务作品以及电影作品和以类似摄制电影的方法创作的作品、摄影作品，在首次发表五十年后，其发表权和财产权利不再受著作权保护，但这三类作品自创作完成后五十年内未发表的，著作权法不再保护。

（2）《著作权法》规定该法不予保护的作品，如法律、法规，具有立法、行政、司法性质的文件，时事新闻，历法，通用数表，通用表格和公式等。

（3）依法公开的信息，如各级行政机关及其派出机构、内设机构根据《政府信息公开条例》公开的政府信息，主要包括行政法规、规章和规范性文件；机关职能、机构设置、办公地址、办公时间、联系方式、负责人姓名；国民经济和社会发展规划、专项规划、区域规划及相关政策；国民经济和社会发展统计信息；办理行政许可和其他对外管理服务事项的依据、条件、程序以及办理结果；实施行政处罚、行政强制的依据、条件、程序以及本行政机关认为具有一定社会影响的行政处罚决定；财政预算、决算信息；行政事业性收费项目及其依据、标准；政府集中采购项目的目录、标准及实施情况；重大建设项目的批准和实施情况；扶贫、教育、医疗、社会保障、促进就业等方面的政策、措施及其实施情况；突发公共事件的应急预案、预警信息及应对情况；环境保护、公共卫生、安全生产、食品药品、产品质量的监督检查情况；公务员招考的职位、名额、报考条件等事项以及录用结果；法律、法规、规章和国家有关规定规定应当主动公开的其他政府信息。

（4）著作权人放弃部分或全部权益的作品，如开放获取资源、知识共享许可协议资源、开放教育资源等。

使用公有领域资源，必须注意尊重作者的署名权、修改权和保护作品完整权。

三、合理使用资源

根据《著作权法》规定，合理使用资源是可以不经著作权人许可，也不向其支付报酬，但在使用时需尊重作者的人身权利，并且不得侵犯著作权人依法享有的其他权利的资源。本书第一部分详细列举了合理使用制度相关的法律规定，在实践中可根据法律规定规划使用。图书馆为陈列或者保存版本而复制本馆收藏的作品是典型的合理使用行为。图书馆以这种合理使用方式开展资源建设时需注意：为陈列或者保存版本而以数字化形式复制的作品，应当是已经损毁或者濒临损毁、丢失或者失窃，或者其存储格式已经过时，并且在市场上无法购买或者只能以明显高于标定的价格购买的作品。

四、法定许可资源

根据《著作权法》的规定，法定许可资源是可以不经著作权人许可，但应当按照规定支付报酬的作品。本书第一部分详细列举了法定许可制度相关的法律规定，在实践中可根据法律规定规划使用。典型的法定许可资源有：为扶助贫困，通过信息网络可以向农村地区免费提供中国公民、法人或者其他组织的作品。采用这种法定许可方式，要求资源必须是已经发表的种植养殖、防病治病、防灾减灾等与扶助贫困有关的作品和适应基本文化需求的作品，且使用符合法定公告流程，并按照公告的标准向著作权人支付提供作品期间的报酬，且不得直接或者间接获得经济利益。

40. 取得自主知识产权人著作权授权需要注意哪些问题？

自主知识产权人是创作文献资源（作品）的著作权人。取得著作权人授权，首要进行的工作就是判断著作权归属和确认著作权人，实践中应注意以下几个方面的问题。

（1）确定适格的授权主体，审查拟授权的著作权人是否合法享有作品的著作权。如果著作权人已经将著作权或部分权利授予了其他单位或个人，那么就要区分已有授权属于专有使用权还是非专有使用权。已经进行了专有使用权授权的著作权人实际上无权再将该作品的著作权授予图书馆。

（2）注意解决版式设计权等相关权利问题。在开展图书和期刊这两类文献资源建设时，如果图书馆需要完整应用图书、期刊作品的版式设计，还需同时考虑版式设计权人的授权问题。

（3）为明确责任，防范风险，图书馆在授权协议中应要求权利人做出著作权无瑕疵承诺，明确知识产权瑕疵的责任主体和责任范围。

（4）双方应在协议中明确约定文献资源使用的授权范围、使用方式、使用期限以及双方其他的权利义务。

41. 取得出版机构著作权授权需要注意哪些问题？

出版机构一般通过与作者签订出版合同来获得著作权授权。通过出版机构获取著作权授权是图书馆常见的一种文献资源建设方式，在实践中应注意以下问题。

（1）加强对出版机构权利状态的了解和审查，判断出版机构是否享有拟授权资源的著作权（包括版式设计权）、可否进行权利转授以及可转授的权利范畴、期限、地域要求等，审查方式包括检查出版合同、授权书等。在确定出版机构确属满足图书馆授权要求的权利主体之后，方可开展进一步的授权工作。

（2）在授权协议中图书馆应要求出版机构作出著作权无瑕疵承诺，明确知识产权瑕疵的责任主体和责任范围。

（3）双方通过协议落实授权方案，在协议中应明确约定资源的授权范围、使用方式、使用期限、违约责任、争议解决办法以及双方其他的权利义务。

42. 取得数据库集成商著作权授权需要注意哪些问题？

通过数据库集成商获取大规模著作权授权是图书馆商业数据库采购的

主要模式，无论是联合采购还是单体采购，都应注意以下问题。

（1）尽到合理注意义务，加强审查数据库集成商的著作权解决方案、相关授权证明以及资质证明文件。

（2）通过授权协议明确图书馆拥有的许可使用范畴和长期保存的权利。

（3）在授权协议中明确采购资源的知识产权归属。

（4）在授权协议中图书馆应要求集成商作出著作权无瑕疵承诺，明确知识产权瑕疵的责任主体和责任范围，特别是在图书馆因使用合同产品而侵犯第三方知识产权时，集成商应采取的补救措施和所承担的违约责任。

（5）在授权协议中约定发生知识产权争议时适用的法律，特别是针对外文数据库，这一点在解决纠纷的司法实践中非常重要。

（6）在授权协议中约定资源的授权范围、使用方式、使用期限、违约责任、争议解决办法以及双方其他的权利义务。

（7）授权协议应遵循公平、平等的原则订立，不能限制图书馆依照知识产权相关法律可享有的法定权益。

（8）图书馆应注意加强著作权保护宣传，明示用户使用责任，加强资源的可控传播管理。

43. 取得著作权集体管理组织著作权授权需要注意哪些问题？

根据《著作权法》《著作权集体管理条例》等相关法律的规定，著作权集体管理组织的主要功能是经权利人授权，集中行使权利人的有关权利并以自己的名义进行下列活动：①与使用者订立著作权或者与著作权有关的权利许可使用合同；②向使用者收取使用费；③向权利人转付使用费；④进行涉及著作权或者与著作权有关的权利的诉讼、仲裁等。我国著作权集体管理组织是非营利性组织，其向使用者收取的使用费中可以提取一定比例作为管理费，用于维持组织正常的业务活动，除此以外，使用费应当全部转付给权利人，集体管理组织不得挪作他用。目前，我国依法成立的著作权集体管理组织共五家，即中国音乐著作权协会（MCSC）、中国音像著作权集体管理协会（CAVCA）、中国文字著作权协会（CWWCS）、中国摄影著作权协会（ICSC）、中国电影著作权协会（CFCA），分别针对不同的作品类型及其权利人的权益开展集体管理活动。图书馆通过著作权集体管理组织取得著作权授权应注意以下问题。

（1）根据法律、著作权集体管理组织章程等资料，了解著作权集体管理组织性质及其业务范围，与业务范围适合的著作权集体组织洽谈授权工作。

（2）根据《著作权集体管理条例》（2013年）等相关法律法规约定双方权利义务关系，避免出现与法律法规规定相冲突的业务内容。

（3）通过授权协议要求著作权集体管理组织作出著作权无瑕疵承诺，明确知识产权瑕疵的责任主体和责任范围。

（4）通过授权协议约定资源的授权范围、使用方式、使用期限、违约责任、争议处理办法以及双方其他的权利义务。

44. 取得知识产权代理机构授权需要注意哪些问题？

知识产权代理机构一般由知识产权行政管理机构批准设立，是接受委托人的委托，在委托权限范围内以委托人的名义办理知识产权相关事务的服务机构。通过知识产权代理机构取得授权应注意以下问题。

（1）加强审查知识产权代理机构资质与业务范围，防范出现越权代理。

（2）通过授权协议要求知识产权代理机构作出知识产权无瑕疵承诺，明确知识产权瑕疵的责任主体和责任范围。

（3）在授权协议中约定资源的授权范围、使用方式、使用期限、违约责任、争议解决办法以及双方其他的权利义务。

45. 图书馆使用开放获取资源时应注意的要点有哪些？

随着开放获取运动的深入发展，开放获取资源规模越来越大，形式越来越丰富多样，开放获取协议也在不断完善和发展，图书馆建设开放获取资源应注意以下问题。

（1）在开展开放获取资源建设之前，应充分研究分析拟建设资源所采用的开放获取协议的内容，明确图书馆被许可的使用范围、使用方式等。

（2）严格遵守开放获取资源授权协议的要求开展开放获取资源的采集、遴选、组织、再利用和保存等活动。

（3）一般可向用户明示开放获取资源授权和使用要求。

46. 委托开发与合作开发资源应注意哪些知识产权问题？

数字资源建设是现代图书馆的基础和核心业务，图书馆除了自主开发建设资源外，也经常采取委托或合作开发的形式与第三方共同开发利用馆藏资源。根据著作权法的规定，委托作品和合作作品的权利归属有着本质的不同。

一、委托开发

委托作品是作者接受他人委托而创作的作品。一般而言，委托作品是为他人创作的作品，最终完成的特定成果供委托方使用，由委托方支付报酬，但作品主要体现的是受托人的智力创造成果。图书馆开展的"外包"工作，大部分属于委托行为。根据著作权法的规定，受委托创作的作品，著作权的归属由委托人和受托人通过合同约定，合同未作约定或者没有订立合同的，著作权归属于受托人。如果双方约定了使用作品范围的，委托人在约定的使用范围内享有使用作品的权利；双方没有约定使用作品范围的，委托人可以在委托创作的特定目的范围内免费使用该作品，但需尊重创作者的人身权。

二、合作开发

合作作品是指两个以上作者共同创作完成的作品。合作作品体现了合作者共同创作的意思，有共同的智力付出和共同的创作行为，其著作权属于全部参与创作的合作者。根据合作作品的可分性，可分割使用的合作作品和不可分割使用的合作作品在著作权行使上有所不同。可以分割使用的，作者对各自创作的部分可以单独享有著作权，但行使著作权时不得侵犯原作品的著作权；不可分割使用的，其著作权由各合作作者共同享有，通过协商一致行使，不能协商一致，又无正当理由的，任何一方不得阻止他方行使除转让以外的其他权利，但是所得收益应当合理分配给所有合作作者。

三、知识产权重点问题

图书馆与第三方以委托、合作方式进行资源建设的，应订立书面委托合同或合作合同，并在合同中明确约定知识产权归属，维护图书馆合法权益，避免因为约定不明而产生的知识产权纠纷。图书馆在实际开展业务时，常以"联建""共建"等名义与其他图书馆开展资源合作，这时需要仔细甄别合作形式是委托法律关系，还是合作法律关系，或者仅仅只是版权转授权的合同关系，并采取针对性的知识产权管理措施。

47. 图书馆采购实体文献是否有知识产权风险？

图书馆采购实体文献，如采购印刷型文献、缩微文献、音像制品、电子出版物等，涉及知识产权的问题较少，但图书馆在采购时仍需尽到合理注意义务，不采选盗版文献，不采选存在明显知识产权瑕疵的文献。如果图书馆所采购实体文献涉及侵权纠纷的,图书馆需在查证后立即停止采购、封存或销毁。

48. 图书馆文献数字化工作的知识产权风险有哪些?

文献数字化主要是指图书馆馆藏资源数字化,即图书馆利用新型信息技术等手段将馆藏印刷文献、缩微文献、视听文献等传统介质的文献转化为计算机能够识别的二进制编码的数字化信息的过程。❶ 图书馆自主开发利用馆藏资源,需要首先对文献进行版权甄别,否则,将面临侵犯著作权人复制权、出版者版式设计权等法律风险。

一、侵犯著作权人复制权的法律风险

在一般情况下,如果作品没有进入公有领域、没有得到著作权人授权或不符合合理使用、法定许可等规定,图书馆无权将受著作权保护的作品进行数字化复制。著作权法律体系中为了平衡公共利益,针对图书馆、档案馆、美术馆等非营利性机构设置了例外规定,即合理使用和法定许可。合理使用和法定许可制度有明确的构成要件,在实践中如果忽略任何一项约束条件而开展文献数字化工作,都会导致侵犯著作权人复制权的风险。

二、侵犯出版者版式设计权的法律风险

版式设计权是我国《著作权法》赋予出版者的一项重要邻接权。根据《著作权法》第三十六条规定:"出版者有权许可或者禁止他人使用其出版的图书、期刊的版式设计。前款规定的权利的保护期为十年,截止于使用该版式设计的图书、期刊首次出版后第十年的12月31日。"版式设计权的权利人是出版者,图书馆在进行图书和期刊数字化时,不可避免会使用到

---

❶ 魏大威. 数字图书馆理论与实务 [M]. 北京:国家图书馆出版社,2012:314.

出版者的版式设计，如果图书馆超越合理使用范围，也会带来侵犯出版者版式设计权的风险。

49. 图书馆如何防范文献数字化中的著作权风险？

一、明晰馆藏文献数字化可以适用著作权例外的条件

目前，明确规定在数字化过程中主体为图书馆可以适用的例外条款是我国《著作权法》第二十二条和《信息网络传播权保护条例》第七条。根据条文，图书馆在馆藏文献数字化时可以享有的权利是：有权使用仍处于著作权保护期的作品；可以不经著作权人许可，不向其支付报酬；使用方式为复制和信息网络传播。但同时，该"例外"设定了前提条件，图书馆对仍处于版权保护期的文献进行数字化，必须符合以下两个条件。

（1）数字化目的要求：适用例外的文献数字化工作必须是为陈列和保存版本的需要；非商业性目的，无论以直接或间接的形式。

（2）文献属性要求：适用例外的文献数字化工作所针对的对象是为陈列或者保存版本需要以数字化形式复制的作品；无论是数字作品还是以数字化形式复制的作品，都必须是已发表作品；满足"已经损毁或者濒临损毁、丢失或者失窃，或者其存储格式已经过时，并且在市场上无法购买或者只能以明显高于标定的价格购买"的条件。

二、通过多种渠道获得授权

我国法律赋予图书馆文献数字化的著作权例外空间非常有限，只有为了陈列和保存版本的需要，才可以对馆藏文献进行数字化。图书馆如果对合理使用范围之外的作品进行数字化复制，需取得著作权人的授权并支付报酬，使用到版权作品的版式设计并且其版式设计权仍在权利保护期的，还需版式设计权人的许可。在数字化过程中必须注意保护作者的署名权、

修改权、保护作品完整权。

目前图书馆进行馆藏资源数字化的主要难点在于如何获得海量作品的授权。这也是当前制约数字图书馆建设的主要因素。总体而言，图书馆获取授权的渠道主要有：通过著作权集体管理组织批量获得授权、通过作者直接获得授权、法定许可授权、通过出版商获得授权、授权要约等。

三、认真筛查版权，充分开发公有领域资源

对于已过权利保护期、进入公有领域的馆藏文献，图书馆在对其进行数字化的过程中，所受法律限制较少，但需注意保护作者的署名权、修改权、保护作品完整权。早期数字图书馆的资源建设主要依托公有领域资源而开展，如美国记忆项目、欧洲数字图书馆项目等。中国国家图书馆重视开发利用本馆收藏的古籍文献，资源类型涵盖甲骨文献、敦煌文献、石刻拓片、地方志、老照片、善本古籍等。对已进入公有领域的古籍文献进行数字化开发，不仅有利于文献的保存保护，促进文明的传承，同时，也可以最大限度地降低版权风险。

50. 图书馆如何解决自建数据库的知识产权问题？

一、汇编权问题

根据《著作权法》第十四条规定："汇编若干作品、作品的片段或者不构成作品的数据或者其他材料，对其内容的选择或者编排体现独创性的作品，为汇编作品。"汇编作品的独创性体现在"对内容的选择或编排"上。可见，汇编人受著作权法保护的范围是对汇集内容的选择和编排，而不是其所汇集的内容。这些构成汇编作品的若干作品、作品的片段或者不构成作品的数据或者其他材料，如本身构成著作权法意义上作品的，汇集者在行使著作权时，不能侵犯这些原作品的著作权。图书馆自建数据库如

符合《著作权法》（2010年）第十四条规定的，可视为汇编作品纳入知识产权保护体系予以保护，但图书馆行使著作权时，不得侵犯原作品的著作权。

一般而言，图书馆自建数据库可分为书目数据库、文摘索引类数据库和全文数据库三种类型。建设不同类型的数据库，其知识产权风险不同。建设书目数据库，应准确完整地著录书目数据的著作权信息。建设文摘索引数据库，应合理摘录和准确归纳作品的内容或片段。建设电子图书、电子期刊、电子报纸、档案、音视频等全文数据库，数据库所包含的任何作品、数据、图片以及建设过程中所涉及的相关专利、商标标识等，均应取得知识产权权利人的合法授权，或在法定授权范围内开展建设工作。

二、计算机软件著作权问题

自建数据库需要建立软件平台以存储和发布数字化资源，因此，开发自建数据库涉及计算机软件著作权问题。开发自建数据库的软件平台，可以应用采购商业软件、自主开发软件、委托开发软件、合作开发软件、使用开源软件等方式，或是综合应用以上多种方式。无论采用何种方式，都应注意首先处理软件的著作权问题，明确软件著作权的归属，以及其与自建数据库产品著作权之间的关系。

三、专利权问题

自建数据库往往不是数字化资源简单的集合，而是带有独特知识组织方法与多项检索揭示功能的平台系统，其所应用的知识组织方法、资源揭示方法、用户服务界面设计等可能符合专利权的构成要件，可以通过申请专利权的方式予以确立和保护。

四、商标权问题

自建数据库如果应用到特定标识或名称作为本产品的标志，则应考虑商标权问题。一方面在设计和使用图形、声音、文字等标识作为商标时，注意与同种类或者类似商标进行区分，避免侵犯他人商标权；另一方面注意及时申请注册商标对本馆以及本产权的权益寻求法律保护。

51. 图书馆数字资源采访环节中存在哪些权利风险？

一、因采购资源中含有侵权作品而承担连带责任的风险

连带侵权是目前图书馆数字资源采访中最主要的法律风险，表现形式主要是图书馆采购的商业数据库中含有涉嫌侵犯著作权人信息网络传播权的作品而引发纠纷。司法实践对图书馆是否承担责任和承担何种责任认定不一，断案依据也各有不同，有的案例判决图书馆构成侵权但不承担民事赔偿责任，有的案例判决不构成侵权。随着国家加大对知识产权人的保护力度，图书馆因此诉由被判连带侵权的风险在逐渐加大。

二、因版权瑕疵担保条款缺失或设置不利于图书馆而产生的合同风险

一般而言，图书馆在数据库采购合同中都会设置与产品版权归属、版权风险规避等相关的关键条款，如果此项条款缺失或规定不利于图书馆，一旦数据库提供商因所提供的产品出现版权瑕疵而涉诉，图书馆的权利很可能无法依据合同得到救济。例如，采购合同约定"乙方（系指数据库供应商）提供的数据若因年代久远或原数据供应者无法查明著作权人，因权利人或出版地之司法、行政机构依出版地著作权法律规定要求乙方停止发布，此项因素乙方不属于违约行为，亦不需对甲方赔偿，由此产生的更新义务由乙方承担"。根据这些约定，如果甲方（图书馆）因此遭受损失，就无法依据合同要求乙方赔偿，此条显失公平。

三、因合同约定使用范围界定模糊而产生的合同风险

在采购实践中,数据库提供商出于对其产品市场空间的考虑,往往向图书馆提供有限制的授权方案,通过采购合同在图书馆的授权用户范围、使用方式、技术措施等方面做出限制。图书馆出于公益性服务之目的,则一般倾向于争取最大服务权限。在这种情况下,如果双方在关键条款上界定模糊,必然导致未来合同争议风险增大。

四、因版权争议适用法律而产生的风险

采购国外数据库时经常面临争议适用法律的问题。各国法律制度不同,在采购合同中涉及争议解决方式和适用法律时,数据库提供商和图书馆往往都不同意直接依据对方国内法律解决争议,不管最终是选择任何一方或是第三方国家和地区的法律管辖,还是直接依据国际条约或双边协定,如果作为采购方的图书馆不熟悉协议约定的法律管辖地的法律,一旦出现版权纠纷,法院将根据合同约定适用约定地版权法律制度解决争议,图书馆因此面临的诉讼成本、被判版权侵权或违约的风险都相应增加。

五、为最终用户的版权侵权行为承担责任的风险

图书馆采购数字资源的最终目的是为公众提供信息服务,但在提供信息服务的过程中,可能会为最终用户的非法使用行为承担连带侵权责任。不可否认,图书馆在使用采购资源进行用户服务时,应附随一定的合理注意义务,数据库供应商总是倾向于在合同中扩大图书馆承担用户侵权责任的范围,约定苛刻条款要求图书馆为授权用户的侵权行为承担责任,对此,图书馆应根据实际情况判断本馆能够承担的责任范围,并在采购合同中进行界定。

六、因限定责任范围而产生的风险

根据《著作权法》第四十九条规定:"侵犯著作权或者与著作权有关

的权利的，侵权人应当按照权利人的实际损失给予赔偿；实际损失难以计算的，可以按照侵权人的违法所得给予赔偿。赔偿数额应当包括权利人为制止侵权行为所支付的合理开支。"著作权侵权赔偿责任计算较为复杂，在采购合同中一般会约定由数据库提供商承担侵权赔偿责任，那么在司法实践中法院如果判决图书馆承担部分责任，图书馆则可根据合同进行追偿。在有些合同中，数据库提供商会在合同中限定赔偿责任上限，对图书馆而言则赔偿风险没有完全转移。

综上所述，图书馆因数字资源采访而产生的权利风险大体可分为两类：一类是版权法律风险，指图书馆在资源采购和使用过程中，因疏于法律审查，或因未尽法定义务，或实施超越法定范围之行为等种种原因，违反国家有关版权法律法规或其他规章制度，而导致承担法律责任的风险。例如，因所购数据库中含有侵权作品而承担连带侵权责任的风险。另一类是合同风险，指图书馆在签订采购合同中，可归责于合同一方或双方当事人的事由所导致的损失，如上文中因合同使用范围不清晰、限定责任条款等原因而使图书馆面临经济损失等风险。

52. 图书馆在文献资源建设中应承担哪些合理注意义务？

在司法实践中，由于图书馆采购的数据库中含有侵权作品而涉诉的案例相对较多，判决结果呈现从认定为不侵权到侵权、从不承担责任到承担连带责任的趋势，裁判思路倾向要求图书馆穷尽版权审查责任，即要求图书馆对数据库中的海量作品逐一审查从作者授权开始的每一环节的合法性。图书馆在严格遵循法定采购流程和遵守行业内部规范的基础上，进而严格审查数据库集成商的出版资质及其版权授权和转授权协议，对信息网络传播予以有效控制。出现版权纠纷后，图书馆及时履行"通知－删除"义务，就是尽到合理注意义务的过程。为了最大限度地规避版权风险，图书馆在数据库试用环节可以根据资源类型有针对性地抽查部分作品的版权授权协议，审查数字资源提供商是否对数据库收录作品具有合法的权利。在采购资源后的服务利用中，图书馆有义务采取必要手段提醒和约束最终用户按照合同约定方式使用资源，避免恶意下载等非法使用情形，如遇权利人主张权利，应及时通知数据库提供商做相应处理。

53. 拟定文献资源建设合同著作权相关条款应注意哪些问题？

一、合同主体

采购国内信息资源选择与代理商签订采购协议的，或者是因引进国外、港澳台地区资源时依法须由出版物进口经营单位经营的，在采购协议中必须明确产品的版权归属，特别是出现版权瑕疵时承担责任的主体。文献资源采购中有时会出现采购方、代理方、产品版权方、产品售后维护方等多方情形，当产品的各种权利、义务和责任人非常分散时，为了保护图书馆的采购权益，特别是版权相关权益，应谨慎审查各种代理权限，选择适格的主体签订合同，确保合同的一方是承担版权责任的适格主体。

二、适用法律

尽量争取合同适用法律为图书馆所在国的法律，管辖地为图书馆所在地，涉外合同如选择了第三方司法管辖，图书馆必须熟知该国或地区法律在版权方面的相关规定，以尽可能降低因法律规定不同而带来的不确定性和版权风险。

三、版权无瑕疵承诺

图书馆要求资源供应商以合同条款的形式明确保证其所提供的资源版权无瑕疵；如果图书馆因购买和按照协议规定之方式使用合同项下产品引发版权纠纷，供应商需承担由此产生的责任，并赔偿图书馆由此产生的所有损失。同时,在合同中应要求供应商提供相应的替代措施,或是主动取得侵权作品的合法授权,或是为图书馆替换同等质量和数量的其他产品等。

四、争取最大权益

综合我国著作权法律体系来看,图书馆可以适用的著作权例外空间主要集中在复制权例外、信息网络传播权例外和技术措施规避等方面,在采购实践中,有些情况下资源供应商会通过合同约定的方式限制图书馆依著作权法律可享有的合理权利,这就要求图书馆在采购资源时,熟知图书馆可以适用的各种著作权例外和限制,在签订采购合同时尽可能多地争取资源使用权限,拓展公众获取信息的权益,使所采购的资源能发挥较好的社会效益和经济效益。

54. 图书馆网站建设涉及哪些知识产权问题?

图书馆网站在网页设计、内容选择、栏目编排等方面具有独创性,体现了智力创作,应作为独立作品纳入知识产权保护体系予以保护。

网站建设过程中涉及任何作品、专利、商标等他人知识产权权益的,应取得知识产权权利人的合法授权。对转载作品的选择,应明确作者是否允许转载,是否需要支付报酬,在转载时应注明作品来源;对网页使用字体和图片的选择,应仔细甄别版权状态,避免侵权。

在网站建设过程中,图书馆还应注重保护本馆相关域名,根据《互联网络域名管理办法》《中国互联网络信息中心域名注册实施细则》等法律法规,申请注册和使用域名。

55. 图书馆网站版权声明包括哪些主要内容?

图书馆应在网站的页面设定著作权所有标识,并根据需要,对网站或网站部分内容做版权一般声明或特别声明。图书馆网站所发布的版权声明的主要内容包括但不限于：

(1) 网站受保护作品的类型和范围；

(2) 知识产权归属；

(3) 资源合理使用政策；

(4) 链接政策；

(5) 图书馆对网站内容所享有的权利；

(6) 免责声明；

(7) 资源有效控制和传播的相关技术保护措施；

(8) 侵权救济措施和实现途径。

56. 图书馆如何对域名进行保护？

域名是因特网上用户在网络中的名称和地址。随着网络普及和技术进步，互联网域名因其标识性、技术性、独创性等特点，逐渐成为一项重要的无形资产，被纳入知识产权保护体系。我国法律体系中未明确将域名列为知识产权保护客体范畴，但相关法律保护体系正在逐渐建立健全。2001年最高人民法院发布《关于审理涉及计算机网络域名民事纠纷案件适用法律若干问题的解释》，对域名案件的受理、管辖、案由、法律适用及法律责任的承担作了详细规定，认定构成侵权或不正当竞争的四个要件及认定恶意的情形。2017年工业和信息化部发布《互联网域名管理办法》，规定了"先申请先注册"的域名注册原则，对从事域名服务及运行维护、相关监督管理机制等作出详细规范。

图书馆在进行网络资源建设和服务中，必须注重对域名的保护和管理，及时注册域名，并根据持有情况及时办理域名的变更、转让和注销。在发生域名纠纷时，可以从以下四方面评估是否侵权或被侵权：

(1) 所请求保护的民事权益是否合法有效。

（2）域名或其主要部分是否对他人或自身持有的驰名商标构成复制、模仿、翻译或音译；或者与他人或自身持有的注册商标、域名等相同或近似，是否足以造成相关公众的误认。

（3）对该域名或其主要部分是否享有权益，有无注册、使用该域名的正当理由等。

（4）对该域名的注册、使用是否具有恶意。

需要注意的是，2018年公布的《国务院办公厅关于加强政府网站域名管理的通知》（国办函〔2018〕55号）明确规定：政府网站应使用以".gov.cn"为后缀的英文域名和".政务"为后缀的中文域名，不得使用其他后缀的域名。不承担行政职能的事业单位原则上不得使用以".gov.cn"为后缀的英文域名，原注册域名以".gov.cn"为后缀的，需及时办理变更或注销手续。

57. 图书馆如何避免图片侵权纠纷？

图书馆在网站建设、举办展览、使用微信、微博等公众号进行资源推送等业务开展过程中，需要使用他人图片时，应注意区分合理使用和侵权的边界。图片作者采取拍摄、绘制、数字合成等方式，创造出具有独创性的图片作品，自作品完成之时，即受著作权相关法律法规的保护，在著作权保护期内，他人使用该图片作品，除法律有明确规定外，均需获得图片作者的授权方可使用。在实践中需注意：第一，在免费网站上下载的图片，并不代表可以免费任意使用，图书馆仍需进行版权甄别；第二，使用无法确定图片作者也无法征得图片作者许可的作品时，在不具有法定免责事由的情形下，一般被判定构成侵权；第三，未经著作权人许可，擅自对图片进行加工、修改，甚至歪曲、篡改权利人想表达的图片意义，会导致侵犯权利人的复制权和修改权。

另外，如果图书馆使用网络图片符合合理使用规则，即《著作权法》

第二十二条和《信息网络传播权保护条例》第六条、第七条之规定，或者符合法定许可之条件，如《信息网络传播权保护条例》第八条、第九条之规定，则免责事由成立，但需明确标注图片作品的来源，保护图片作者的署名权和保护作品完整权。

58. 图书馆如何避免计算机字体侵权纠纷？

图书馆在网站建设、新媒体资源推送、组织各种活动设计海报时不可避免会运用到各种计算机字体。在我国当前司法实践中，计算机字体是否构成作品仍然存在争议。有的司法判决认为，"计算机字体及对应的字库软件是具有一定独创性的文字数字化表现形式的集合，……属于我国著作权法规定的美术作品的特征，受著作权法保护"❶，但字库中的单字是执行计算机程序的结果，不符合著作权法作品独创性的要求。也有判决将计算机字库软件作为作品予以保护，认为"字库中的字体文件的功能是支持相关字体字型的显示和输出，其内容是字型轮廓构建指令及相关数据与字型轮廓动态调整数据指令代码的结合，其经特定软件调用后产生运行结果，属于计算机系统软件的一种，应当认定其是为了得到可在计算机及相关电子设备的输出装置中显示相关字体字型而制作的由计算机执行的代码化指令序列，因此其属于计算机软件保护条例第三条第（一）项规定的计算机程序，属于著作权法意义上的作品。"❷

在这种情况下，图书馆使用计算机字库或字库中的单字，实际上存在一定的侵权风险。因此，应注意优先选择计算机系统自带字体和开源字体，即公开的免费授权使用的字体。如果确有必要使用商业字库，需取得字库权利人的合法授权。在实践中，一些字库权利人会通过电话或发函的形式提示侵权，当接到权利通知书时，图书馆应高度重视，及时做好自查

---

❶ 北京市海淀区人民法院民事判决书（2008）海民初字第27047号。
❷ 最高人民法院（2010）民三终字第6号。

及清理措施，停止侵权，并且与权利人积极协商，涉及第三方导致图书馆连带侵权的，应告知权利人并与第三方取得联系，进一步甄别侵权原因和侵权责任。

59. 图书馆如何解决网络资源采集中的知识产权问题？

互联网信息时代对网络信息的保存逐渐被图书馆所重视，哪些采集行为可以纳入合理使用范畴？制定何种采集策略才会不侵犯知识产权人的合法利益？解决这些知识产权问题是图书馆顺利开展资源采集的基础。根据《著作权法》规定，网络信息的复制权属于著作权人，在合理使用和法定许可范畴之外的非法授权采集行为，将面临侵犯著作权人复制权、汇编权、信息网络传播权的风险。

图书馆在制定采集策略时，应注意以下几点。

（1）对采集对象进行知识产权风险评估，充分研究网站版权声明，在版权声明授权范围内合法采集资源。

（2）通过法定许可途径进行合法采集，如优先采集不受著作权法律保护的资源，包括法律、法规，国家机关的决议、决定、命令和其他具有立法、行政、司法性质的文件，以及其官方的正式译文、时事新闻等。

（3）法律有明确授权许可的资源可主动采集，如《中华人民共和国政府信息公开条例》所规定的可公开的政府信息，且该法明确要求行政机关应当及时向国家档案馆、公共图书馆提供主动公开的政府信息。

（4）关注有价值的开放获取资源。开放获取的资源信息为图书馆进行网络资源采集提供了更加广泛和多样的选择，但不是所有开放获取的资源信息都可以无限制保存和使用，图书馆需要仔细研究开放获取资源的版权声明或知识共享协议，明确是权利人允许用户自由复制、发行、展览、表演、放映、广播或通过信息网络传播其作品，但必须遵守署名、非商业性使用和禁止演绎等开放获取的前提条件。

（5）采取协商一致的方式获取网络资源权利人的合法授权，对于图书馆具有重要采集价值的网络资源，当图书馆无法通过上述途径进行合法采集时，可以通过与资源权利人订立协议的方式有条件地开展采集。

60. 图书馆接受捐赠资源时应注意哪些知识产权问题？

《中华人民共和国公共图书馆法》第六条第一款规定："国家鼓励公民、法人和其他组织依法向公共图书馆捐赠，并依法给予税收优惠。"在实践中，社会组织和个人经常会将所藏文献捐赠于图书馆进行保存和服务，图书馆在接受捐赠时，也会通过协议、证书、收据等各种形式予以确认。从法律关系看，无论确认接受捐赠的形式如何，都仅表明了捐赠物所有权的转移，除非协议另有规定，否则捐赠物的知识产权并不随所有权的变化而转移。《著作权法》第十八条规定："美术等作品原件所有权转移的，不视为作品著作权的转移，但美术作品原件的展览权由原件所有人享有。"因此，图书馆开展捐赠工作应区分原件所有权和作品著作权。图书馆接受捐赠的实体文献，可基于所有权开展借阅、馆际互借、陈列、展览等服务；当图书馆开展捐赠资源的全文复制、扫描、数字化、信息网络传播等信息服务时，无法依据捐赠人的授权，而必须确保已经取得了著作权人的授权。

61. 图书馆在签订捐赠协议时应注意哪些知识产权问题？

图书馆接受捐赠资源的类型包括实体资源和数字资源。

图书馆在接受捐赠资源前，应审查资源捐赠人是否具有合法处分拟捐赠资源的权利。捐赠人无权处分的资源，图书馆不能接受，应向捐赠人说明缘由。

开展捐赠工作时，图书馆应与捐赠人或著作权人签订书面捐赠协议，知识产权相关合同条款包括但不限于以下内容：

（1）捐赠资源的授权使用范围、使用方式、使用时限等；

（2）捐赠资源的知识产权、资源载体的所有权归属；

（3）承担知识产权责任的主体；

（4）发生知识产权争议时适用的法律；

（5）其他保护图书馆权益的条款。

图书馆应在法律规定和协议约定范围内使用捐赠资源。

 **实践示例**

公有领域图书资源建设与服务实例

调查发现，在我国著作权已经进入公有领域的图书总量丰富，覆盖广泛，具有良好的开发建设基础。从2008年起，国家图书馆启动了公有领域图书版权筛查项目，针对中文图书开展大规模确权工作，以"查全查准"为原则，组织全面筛查著作权已经进入公有领域的作者及其著作，制作书目数据和责任者规范数据，根据内容建设和读者服务需求逐步开展数字化加工及内容深度开发工作，"唤醒"海量因版权模糊不清而"沉睡"的图书资源，使图书资源得以在更广泛的范围内、以更丰富的形式进行服务和开发利用。

2008—2018年，国家图书馆公有领域图书版权筛查项目持续开展，通过项目实施，逐步建立了全面、规范的公有领域书目规范信息库与责任者规范信息库。信息库以责任者为中心开展数据组织，网罗责任者所有作品以及作品不同版本，目前累计已超过30万条数据，成为目前国内图书馆完成的规模最大、成果最丰富的公有领域资源筛查项目。

公有领域图书不但具备版权限制少的优点，而且其中不乏大量内容优秀的经典图书、稀见资源等，独具历史文化价值，具有广阔的服务利用空间。国家图书馆利用项目筛查成果，开展了数字化阅读服务、优秀文化海外推广服务以及版权检索服务。一是逐步推进公有领域图书数字化，目前五万余种公有领域图书已经完成数字化加工，并通过该馆数字资源发布平台进行公开发布，面向局域网读者和读者卡远程登录读者提供全文阅读服务。二是密切结合国际交流工作，从公有领域图书库中精选优秀经典图书，为该馆与其他国家图书馆之间的国际交流合作项目提供资源储备。三是支持版权检索服务，国家图书馆开展文献补藏、资源提供等多项业务工作中需要首先明确资源的版权状态，公有领域图书版权筛查项目所建设的书目规范信息库和责任者规范信息库可作为数据比对和版权确权的参考工具，为确权工作提供持续的保障能力。

国家图书馆所开展的公有领域图书版权筛查项目优质、高效完成海量资源的版权确权工作，为知识产权创造和转化运用提供基础资源，同时也成为未来开发建设国家级专业信息平台的坚实基础，在国内具有创新示范意义，受到图书馆界、出版界以及学术领域的积极肯定。一方面，针对业界公认的海量图书确权难的问题，探索建立了一套完整、有效的确权方法，并在确权的基础上开展了丰富多样的图书服务利用活动，切实推动了图书文献资源的服务与开发，为图书馆界和出版界开展相关工作提供了直接的示范经验；另一方面，创造性地建立了图书馆合理利用法律法规的实践框架，有助于推动提升图书馆版权工作，彰显图书馆社会价值。

第四部分　图书馆用户服务知识产权问题

图书馆开展用户服务的过程也是综合利用各类型知识产权的过程。随着信息技术的发展和用户需求的不断深化，图书馆用户服务的形式越来越丰富，使用的知识资源越来越广泛，在一定程度上对知识产权的依赖程度更高，也因此而承担的知识产权风险更多。分析用户服务内容与服务形式要求，妥善处理不同类型用户服务中的知识产权问题，是图书馆开展用户服务的一项必备工作。图书馆用户服务与文献资源建设工作密不可分，处理知识产权问题同样需要综合考虑不同业务阶段的工作。

62. 图书馆所提供资源的知识产权状态主要有哪些类型？

图书馆为用户提供的图书、期刊、报纸、音视频、数据库等资源，属于《著作权法》规定的各类型作品，按照版权状态的不同，这些资源可划分为以下三种类型：

（1）公有领域资源；

（2）图书馆自有版权资源；

（3）图书馆获得授权使用的资源，包括合理使用资源、法定许可资源、合同授权使用资源等。

63. 图书馆如何根据不同知识产权状态规划服务形式？

图书馆开展知识信息服务的内容、服务对象和服务形式与其所利用资源的知识产权状态密切相关，宜从本馆服务目标出发，基于用户知识信息需求，结合资源知识产权状态制定各项服务规划。

一、优先考虑利用公有领域资源

在尊重署名权、修改权和保护作品完整权的前提下，公有领域资源允许各类主体进行复制、发行、改编、汇编、翻译、信息网络传播等形式的加工和利用。图书馆馆藏中包含大量的公有领域资源，通过互联网也可以获取丰富的公有领域资源，包括政府公开信息、学术类开放获取资源等。发现、甄别、整理和利用这些公有领域资源，依据著作权要求开展复制、借阅、展览、参考咨询、专题数据库制作、出版发行等多种知识信息服务，具有规避版权风险、节约授权费用、提升馆藏资源价值等优势。

二、积极发展图书馆自主知识产权资源

对于图书馆自主知识产权资源，图书馆作为权利所有人，可以灵活安

排资源服务形式,一方面是对本馆知识成果和专业能力的揭示与利用,实现一定的经济效益和社会效益;另一方面有利于激励图书馆继续开展知识产权创造,激发创新活力,从而更进一步提升图书馆服务能力。

三、充分利用合理使用和法定许可资源

合理使用和法定许可是我国著作权制度中有利于社会公众利用作品的权利限制机制,充分运用这两项法定授权制度,有利于图书馆以较为经济的方式解决规模化资源的服务授权,为图书馆开展多项公益性服务提供资源保障。

四、有针对性地获取合同授权资源

按照"先授权后利用"的原则,根据用户服务需求,有针对性地与权利人订立合同以获取服务资源授权,按照合同约定规划服务对象、服务形式以及服务时间。

64. 图书馆可开展哪些形式的合理使用资源服务?

合理使用是指在特定情形下可以不经著作权人许可、不向其支付报酬而使用作品的制度,其适用前提是指明作者姓名、作品名称,并且不得侵犯著作权人所享有的其他法定权利。本书第一部分列举了《著作权法》《信息网络传播权保护条例》和《计算机软件保护条例》规定的若干合理使用情形。根据法律规定,图书馆常见的合理使用资源服务主要有:

(1)为用户提供各类型文献信息资源,满足用户个人学习、研究或欣赏之用。

(2)为教学和科研人员翻译、少量复制和提供已经发表的各类型文献信息资源,满足用户学校课堂教学或者科学研究之用。

(3)复制本馆馆藏资源,满足本馆陈列或保存版本的需要。

（4）针对已经损毁或者濒临损毁、丢失或者失窃，或者其存储格式已经过时，并且在市场上无法购买或者只能以明显高于标定的价格购买的本馆馆藏，以数字化方式复制并通过信息网络向本馆馆舍服务对象提供。

（5）通过信息网络向本馆馆舍服务对象提供本馆收藏的合法出版的数字作品。

（6）不以营利为目的，以盲人能够感知的独特方式向盲人提供已经发表的文字作品，满足残疾人服务需求。

（7）将中国公民、法人或者其他组织已经发表的以汉语言文字创作的作品翻译成少数民族语言文字作品在国内出版发行，或通过信息网络向中国境内少数民族提供，满足特色资源服务需求。

65. 图书馆可开展哪些形式的法定许可资源服务？

法定许可是指根据法律的直接规定，以某些方式使用他人已经发表的作品可以不经著作权人的许可，但应当向著作权人支付使用费，并尊重著作权人的其他各项人身权利和财产权利的制度。本书第一部分列举了《著作权法》和《信息网络传播权保护条例》规定的若干法定许可使用情形。根据法律规定，图书馆常见的法定许可资源服务主要有：

（1）通过图书馆网站或刊物转载、摘编其他报刊已经发表的作品。

（2）使用录音制品中的音乐作品制作图书馆需求的录音制品。

（3）通过信息网络向农村地区提供与扶助贫困有关的作品和适应基本文化需求的作品。

66. 合理使用资源服务和法定许可资源服务有何异同？

合理使用资源服务和法定许可资源服务的共同要求包括：

（1）从平衡社会公共利益角度出发，对著作权人权利做出一定的限制。

（2）应用对象是他人已经发表的作品。

（3）使用他人作品时无须取得著作权人的许可。

（4）必须注明作者姓名、作品名称。

合理使用资源服务和法定许可资源服务的区别包括：

（1）法定许可的使用者涵盖了出版者、表演者、录音制作者、广播电台电视台、报刊社，而合理使用者没有限制主体范围。

（2）进行法定许可使用，使用作品应向著作权人支付报酬，而合理使用不必支付报酬。

（3）进行法定许可使用时，著作权人声明不许使用的则不得以法定许可方式使用，而合理使用没有附加此类条件。

（4）合理使用情形一般是非营利性的行为，而法定许可没有对营利性进行限制。

67. 对信息网络传播服务相关的知识产权保护技术措施有哪些法律规定？

《信息网络传播权保护条例》第四条规定："为了保护信息网络传播权，权利人可以采取技术措施。任何组织或者个人不得故意避开或者破坏技术措施，不得故意制造、进口或者向公众提供主要用于避开或者破坏技术措施的装置或者部件，不得故意为他人避开或者破坏技术措施提供技术服务。但是，法律、行政法规规定可以避开的除外。"

《信息网络传播权保护条例》第五条规定："未经权利人许可，任何组织或者个人不得进行下列行为：（一）故意删除或者改变通过信息网络向公众提供的作品、表演、录音录像制品的权利管理电子信息，但由于技术上的原因无法避免删除或者改变的除外；（二）通过信息网络向公众提供明知或者应知未经权利人许可被删除或者改变权利管理电子信息的作品、表演、录音录像制品。"

根据《信息网络传播权保护条例》第十条规定，不经著作权人许可、通过信息网络向公众提供其作品的，应当采取技术措施，防止该条例第七条、第八条、第九条规定的服务对象以外的其他人获得著作权人的作品，并防止该条例第七条规定的服务对象的复制行为对著作权人利益造成实质性损害。

68. 在哪些情形下可以避开信息网络传播权相关的技术措施？

根据《信息网络传播权保护条例》第十二条规定："属于下列情形的，可以避开技术措施，但不得向他人提供避开技术措施的技术、装置或者部件，不得侵犯权利人依法享有的其他权利：

"（一）为学校课堂教学或者科学研究，通过信息网络向少数教学、科研人员提供已经发表的作品、表演、录音录像制品，而该作品、表演、录音录像制品只能通过信息网络获取。

"（二）不以营利为目的，通过信息网络以盲人能够感知的独特方式向盲人提供已经发表的文字作品，而该作品只能通过信息网络获取。

"（三）国家机关依照行政、司法程序执行公务。

"（四）在信息网络上对计算机及其系统或者网络的安全性能进行测试。"

69. 图书馆服务中可采取哪些面向用户的知识产权保护措施？

（1）制定用户服务管理规定，明确用户知识产权责任和要求，引导用户合理使用图书馆资源与服务。

（2）在阅览室、参考咨询台、图书馆网站、专题服务网页等用户服务窗口，以公告、声明等显著的方式，发布用户服务管理规定，使用户能够充分认识到自身的知识产权责任,尽到图书馆合理提醒的义务。

(3)应用知识产权保护信息技术,常见方式包括对数字资源添加数字水印、限制阅览范围、限制下载功能、限制二次传播功能等。

(4)采用专题讲座、在线课程、宣传单、展览等形式,开展知识产权素养教育,使用户能够正确认识知识产权制度,深刻了解图书馆知识产权管理规定和自身知识产权责任。

70. 图书馆用户的知识产权责任主要包括哪些内容?

图书馆向用户提供文献信息查询、借阅、阅览室等公共空间设施场地开放、公益性讲座、阅读推广、培训、展览以及其他服务项目,用户利用图书馆服务获取文献资源和信息知识,在行使文献借阅、教育、信息保障、监督等用户权利的同时,平等地承担各项用户责任,包括遵守图书馆的相关规定,维护图书馆秩序,爱护图书馆的文献信息与设施设备,合法利用文献信息,按期归还借阅文献等。其中,合法利用文献信息是用户承担的一项重要的知识产权责任。为保护图书馆文献信息资源以及各项服务的知识产权,维护知识产权人、图书馆以及用户的正当权益,图书馆应当确立知识产权责任制度,明确用户的知识产权责任,并通过公告、声明、协议等用户易于获取的方式明示用户,使用户在使用图书馆服务之前或者过程中能够清晰地了解自身的知识产权责任,主要包括以下方面:

(1)用户在使用图书馆各项服务时,必须遵守国家法律法规的规定,合法利用图书馆文献信息和服务。

(2)图书馆提供的文献信息和服务仅供用户个人学习、研究、教学或欣赏之用,禁止用户对图书馆文献进行系统复制、转售、转发和重新出版,禁止用户直接利用从图书馆获取的文献信息和服务开展盈利活动牟取商业利益。

(3)用户有义务妥善保管个人借阅卡、图书馆账号及存储设备,不得向他人出借或出售，避免出现借阅卡、账号或存储设备因出借、出售或被盗而造成的图书馆文献信息资源违法违规使用。

（4）对于图书馆提供的各类型数字资源，在一般情况下，不允许用户利用工具软件进行连续、集中、批量的读取和下载。

（5）对于图书馆限定使用范围的数字资源，用户不得通过自设代理服务器为限定范围以外的人员提供访问服务。

（6）对违反图书馆知识产权规定的用户行为，图书馆应协助有关单位进行追查，并视情节轻重采取管理措施，如在图书馆内或主页上通报批评、停止用户借阅权限、冻结用户图书馆账号等。由违规行为引起的法律后果由违规用户负责。

71. 图书馆可采取哪些方式与用户订立知识产权责任协议？

（1）图书馆与用户双方签字盖章。在一份纸质版协议文件上，图书馆预先加盖本馆公章，用户请求服务时签字或盖章，将纸质版协议提交图书馆，或将扫描件回传图书馆系统。

（2）用户单方签字。在一份纸质版协议文件上，图书馆提出用户的知识产权责任，用户单方签字盖章表明认可之后，将纸质版协议提交图书馆，或将扫描件回传图书馆系统。

（3）服务系统确认。将用户知识产权责任协议设置在图书馆服务的软件系统中，用户在请求服务时，只有点击确认同意，才能进入正式请求服务环节。

72. 图书馆服务工作应当如何应对知识产权纠纷？

图书馆的馆藏资源及相关服务，若经行政执法机关、司法文件通知涉及知识产权纠纷的，或经权利人发出侵权通知，或经其他人员指出知识产权侵权风险的，应立即暂停服务，对涉及纠纷的资源进行下架、删除或者断开链接等操作。

因可能存在知识产权问题暂停服务的，图书馆应开展知识产权查证核实工作。经查证核实，确认图书馆具有相关权利的，可恢复服务；确属图书馆无权服务的，则应根据图书馆工作安排、资源引进合同等妥善处理权责相关事宜。

73. 文献资源阅览服务应注意哪些知识产权问题？

（1）图书馆利用音像电子出版物为读者提供点播或公共播放服务，应符合著作权合理使用规定或法定许可规定，或者通过合同等方式取得音像电子出版物的授权许可。

（2）自建数字资源根据知识产权状态确定阅览服务内容、服务形式以及服务范围。

（3）通过采购、捐赠、交换等方式引进的数字资源，根据合同约定确定阅览服务内容、服务形式以及服务范围。

（4）开放获取资源根据开放获取协议规定的知识产权状态，确定阅览服务内容、服务形式以及服务范围。

（5）引进图书馆资源管理系统或在线阅览服务系统，应获取计算机软件著作权或专利权授权；对自主开发的系统平台，则应加强计算机软件著作权或专利权保护。

74. 文献资源外借服务应注意哪些知识产权问题？

（1）通过外购、捐赠、交换等方式引进的馆藏资源，应根据引进合同约定确定是否可开展外借服务以及外借服务的服务对象、使用范围等。

（2）外借馆藏资源一般仅允许用户用于个人学习、研究或者学校课堂教学、科学研究，图书馆应通过公告、声明、与用户签订外借服务协议等方式，提示用户尊重知识产权，明确用户对外借馆藏资源的使用责任。

（3）提供电子阅读器等电子设备外借服务的，应特别强调用户对于电子设备及其装载计算机软件的知识产权责任。

75. 文献复制服务应注意哪些知识产权问题？

根据《著作权法》的规定，复制是指以印刷、复印、拓印、录音、录像、翻录、翻拍等方式将作品制作成一份或者多份的行为。图书馆向用户提供文献资源复印、打印、下载、扫描、缩微文献打印、光盘翻刻、音像资料翻录等服务，均属于复制行为的范畴。图书馆可根据法律规定或合同约定提供作品全文或部分内容的复制服务。

（1）对公有领域资源，图书馆可提供全文复制服务。

（2）对图书馆自主知识产权资源，图书馆可根据本馆服务策略决定是否提供全文复制服务。

（3）对属于《著作权法》第二十二条、《信息网络传播权保护条例》第六条和第七条规定的合理使用行为，图书馆可提供符合上述法律规定的部分内容的复制服务。

（4）对图书馆通过采购、交换、捐赠、合作建设等方式引进的馆藏资源，图书馆应根据引进合同约定提供全文复制或部分内容复制服务。

（5）复制资源一般仅限于个人学习、研究或者学校课堂教学、科学研究之用，图书馆应通过公告、与用户签订复制服务协议等方式，提示用户尊重知识产权，要求明确读者对复制资源的使用责任。

76. 参考咨询服务应注意哪些知识产权问题？

图书馆利用文献信息资源开展查新查证、定题咨询等参考咨询服务时，涉及大量作品的引用、摘编、汇编、翻译等，同时也涉及新作品的创作产生。避免参考咨询服务中的侵权风险需要注意两方面问题：一方面要保护被利用资源的知识产权，按照《著作权法》第二十二条或《信息网络传播权保护条例》第六条、第七条的合理使用规定，或其他相关法律法规规定使用信息资源；另一方面要做好参考咨询成果的知识产权相关工作。图书馆接受用户委托开展参考咨询服务，应与用户签订参考咨询服务协议，协议内容包括但不限于以下方面：

（1）提示用户保护知识产权，明确所提供参考咨询资料的使用范围和使用方式；

（2）约定参考咨询服务成果的知识产权归属；

（3）约定用户知识产权责任。

77. 在哪些情形下图书馆可以提供文献传递和馆际互借服务？

在下列情形下图书馆可提供文献传递与馆际互借服务：

（1）属于《著作权法》第二十二条、《信息网络传播权保护条例》第六条和第七条规定的合理使用行为。

（2）图书馆是馆藏资源的著作权所有人。

（3）图书馆通过签订合同等方式获得了对馆藏资源进行文献传递或馆际互借服务的权利。

（4）符合法律法规规定的其他文献传递或馆际互借活动。

78. 文献传递与馆际互借服务应注意哪些知识产权问题？

（1）图书馆应根据馆藏资源的著作权状态制定本馆文献传递与馆际互借服务政策，明确可进行文献传递与馆际互借服务的馆藏资源对象、服务形式、服务读者范围、合作单位、收费标准等。

（2）涉及与外国图书馆进行文献传递与馆际互借服务的，应充分调研了解相关国家和地区的知识产权法律规定，并提出对应的服务策略。

（3）图书馆应与用户、合作单位订立文献传递与馆际互借服务合同，提示用户和合作单位尊重知识产权，约定文献传递与馆际互借资源的使用方式、使用范围和知识产权责任。

79. 讲座与培训服务应注意哪些知识产权问题？

图书馆开展讲座培训服务，应与主讲人签订合同，通过合同明确讲座时间、题目、主讲人身份信息，并约定知识产权相关内容，包括但不限于：

（1）图书馆对讲座与培训课程进行录音录像的权利。

（2）图书馆使用讲座与培训课程的课件的权利。

（3）图书馆对讲座与培训课程的录音录像、课件进行编辑加工的权利。

（4）图书馆使用讲座与培训课程的录音录像、课件的形式，如通过信息网络进行传播、出版发行等。

（5）图书馆使用讲座与培训课程的录音录像、课件的范围，如局域网、互联网、移动通信网络或特定的用户群体等。

（6）图书馆使用讲座与培训课程的录音录像、课件的期限。

（7）图书馆对本馆所获得权利是否可以向第三方进行转授的权利。

（8）主讲人对于其所讲述内容、所使用文献资料的知识产权责任。

（9）其他要求。

图书馆按照与主讲人约定的服务形式、服务范围和使用期限开展讲座培训服务。

80. 展览中的展品涉及哪些知识产权问题？

图书馆开展展览服务，应首先取得展览作品的相关授权。

（1）展览美术作品（包括书法、绘画、雕塑、剪纸、雕刻等）、摄影作品的原件或复制件，应取得作品的展览权授权。美术作品原件的展览权由原件所有人享有。

（2）展览作品复制件，应首先取得复制权授权。

（3）展览未发表的作品，应注意避免侵犯发表权。

（4）通过信息网络开展的在线展览应取得展览内容的信息网络传播权许可。

（5）展览中放映和表演他人作品的，应符合《著作权法》第二十二条规定的合理使用条件。如不符合合理使用条件，则应当获取作品权利人授权。

（6）尊重作者的署名权，作者有权决定是否署名、署名方式（真名、笔名、别名等）、署名顺序。一般应主动标识展品作者的身份信息，作者要求不署名的，则不署名。

81. 组织和设计展览应注意哪些知识产权问题？

（1）妥善处理展品的展览权问题。

（2）重视展览设计方案、图纸、计算机软件、讲解词等相关设计资源的知识产权问题，避免出现抄袭、剽窃等侵权行为，同时也要做好本馆设计资源的知识产权登记、申请和保护等工作。

（3）委托第三方进行展览设计、组织与服务的，应通过合同明确知识产权责任。

（4）展览中应用注册商标进行标识展品、广告宣传以及其他商业活动时,应根据《中华人民共和国商标法》有关规定妥善处理商标权授权许可问题,确保应用得当。

(5) 在展览设计、布展、用户体验的过程中,展览技术、设备以及辅助展品等应用发明专利、外观设计专利或实用新型时,应根据《中华人民共和国专利法》有关规定妥善处理专利权授权许可问题。

(6) 出借本馆馆藏资源进行展览的,应与展览主办方订立合同,约定知识产权相关责任。

82. 新媒体服务应注意哪些知识产权问题?

图书馆新媒体服务是通过图书馆的新媒体服务系统完成信息推送、用户互动、在线借阅等服务,用户通过手机、数字电视等新媒体终端可以获取图书馆的信息与服务,其中涉及的知识产权问题总体上属于信息网络传播权的范畴。图书馆应当根据服务内容和服务形式分别处理知识产权问题。

(1) 发布由图书馆编辑创作的信息,如通知、规章制度、服务公告等,一般不涉及其他权利人的著作权。

(2) 利用图书馆编制的书目系统开展书刊借还服务,应当提示用户根据著作权法律有关规定合法合规利用书刊资源。

(3) 转载或引用其他权利人创作的作品,如书刊评论、新闻报道、学术论文、研究报告等,应当事先取得权利人授权并注明出处。

(4) 开展在线问答、用户意见征集等互动服务,应当注意保护用户隐私信息,避免用户个人信息泄露。

(5) 对新媒体系统发布的用户互动游戏,图书馆应注意处理好计算机软件的著作权问题,以及游戏内容的著作权问题。

(6) 对于图书、期刊、报纸、音视频、汇编数据库、在线展览等文献信息资源的在线服务,可遵循图书馆处理信息网络传播权问题的一般思路，即优先使用公有领域资源和自主知识产权资源；充分利用合理使用和法定许可授权资源；按照"先授权后使用"的原则，通过合同获取权利人授权后开展服务。

83. 利用法定许可制度开展扶贫工作应注意哪些问题？

《信息网络传播权保护条例》第九条规定了适用于扶助贫困的法定许可条款，图书馆应用法定许可制度开展扶贫工作应严格遵守法律规定，按照特定方式提供特定资源，必须同时满足以下全部条件：

（1）以"扶助贫困"为行动目标，免费提供文献资源，不得直接或者间接获得经济利益。

（2）仅允许面向农村地区的公众服务。

（3）必须通过信息网络方式提供文献资源服务。

（4）所提供的文献资源必须是中国公民、法人或者其他组织已经发表的作品，内容限定在种植养殖、防病治病、防灾减灾等与扶助贫困有关的作品和适应基本文化需求的作品范围内。

（5）确定合理的支付报酬标准。

（6）按照法定程序获取授权使用。在提供资源服务前，首先公告拟提供的作品及其作者、拟支付报酬的标准。尽可能选择受众面广、便于著作权人获取的媒体发布公告，如图书馆网站、发行量较大的报刊等，以便著作权人能够及时了解公告信息。

（7）自公告之日起30日内，著作权人不同意提供的，图书馆则不提供其作品；自公告之日起满30日，著作权人没有异议的，图书馆可以提供其作品，并按照公告的标准向著作权人支付报酬。

（8）图书馆在扶贫工作中提供著作权人的作品后，著作权人不同意提供的，图书馆应当立即删除著作权人的作品，并按照公告的标准向著作权人支付提供作品期间的报酬。

84. 利用合理使用制度残疾人服务工作应注意哪些知识产权问题？

图书馆根据《著作权法》第二十二条、《信息网络传播权保护条例》第六条规定的合理使用条款开展残疾人服务时，应注意以下问题：

（1）所利用的资源应当是已经发表的作品，未公开发表的资源不能作为著作权法意义上的合理使用资源。

（2）通过信息网络提供的合理使用资源，必须是已经发表的文字作品。除此以外，音乐、戏曲、曲艺、电影等其他类型的作品不能用于合理使用方式的服务。

（3）通过信息网络提供合理使用资源，必须是免费服务，不得发生营利行为。

（4）服务对象仅限于盲人，服务方式仅限于为盲人能够感知的独特方式。

85. 用户作品采集和利用应注意哪些知识产权问题？

组织用户互动活动，采集和展示用户作品是图书馆开展阅读推广、社会教育等服务时常用的服务形式。例如，图书馆组织征文活动、摄影评比、美术作品评比、专题资源征集、教育培训课程中用户提交的各类型作业等。在用户互动活动中涉及多方面的知识产权问题。

（1）图书馆组织活动时，应当首先明确涉及作品的知识产权归属，并通过活动公告、声明等方式，使提交作品的用户充分了解活动的知识产权策略。

（2）图书馆可与用户订立书面合同，约定作品使用的时间、范围、形式以及费用等知识产权相关问题。订立合同的方式包括在活动公告或声明中发出要约、活动中设置用户确认环节、签订纸质版合同等。

（3）对用户提交的资源，一般应要求用户承担作品创作和提交过程中的知识产权问题，确保未侵犯第三方权利。

（4）对未获得作者授权的用户作品，在一般情况下，图书馆不能将其用于其他服务活动。

 **实践示例**

图书馆合理使用和法定许可资源服务实践

一、盲人数字资源服务

《信息网络传播权保护条例》第六条第（六）项规定，通过信息网络"不以营利为目的，以盲人能够感知的独特方式向盲人提供已经发表的文字作品"，可以不经著作权人许可，不向其支付报酬。这项规定确立了面向盲人群体的著作权合理使用制度。从2008年起，国家图书馆充分利用法律规定，为"中国盲人数字图书馆"（http：//www.cdlvi.cn）遴选图书进行数字化加工，这批图书全部通过OCR识别技术加工成纯文本格式，以便能够适用于读屏技术，以盲人能够感知的独特方式向盲人提供公益性的电子图书阅读服务。2008—2018年，该项目共计为盲人读者提供6700余种图书数字资源的合理使用服务。中国盲人数字图书馆的主办方中国残联信息中心、中国国家图书馆、中国盲文出版社共同在网站上发布了免责声明，说明合理使用服务的法律依据，同时也明确了用户知识产权责任。

二、贫困地区数字资源服务

《信息网络传播权保护条例》第九条规定："为扶助贫困，通过信息网络向农村地区的公众免费提供中国公民、法人或者其他组织已经发表的种植养殖、防病治病、防灾减灾等与扶助贫困有关的作品和适应基本文化需求的作品，网络服务提供者应当在提供前公告拟提供的作品及其作者、拟支付报酬的标准。自公告之日起30日内，著作权人不同意提供的，网络服务提供者不得提供其作品；自公告之日起满30日，著作权人没有异议的，网络服务提供者可以提供其作品，并按照公告的标准向著作权人支付报酬。网络服务提供者提供著作权人的作品后，著作权人不同意提供的，网络服务提供者应当立即删除著作权人的作品，并按照公告的标准向著作权人支付提供作品期间的报酬。"

2009年，国家图书馆研究利用《信息网络传播权保护条例》第九条的法定许可规定，为开展农村地区扶贫工作建设一批图书数字资源，当年面向社会公开征集约6000种图书的法定许可使用授权。2018年，国家图书馆进一步推动该项工作的深入开展，按照法定许可使用条款规定的程序，征集3500册种植养殖、防病治病、防灾减灾等十个主题的扶贫图书的法定许可使用授权。❶ 这批资源按照法律规定的范围要求和形式要求，通过数字图书馆推广工程"网络书香基层图书馆帮扶计划"在全国57个帮扶点为农村地区读者提供数字资源免费阅览服务。该项目的成功实施，对于我国推广应用法定许可授权模式以及开展文化扶贫资源建设与服务具有重要的示范意义。

---

❶ 国家图书馆. 国家图书馆向农村地区提供电子图书服务项目的公告［N］. 中国文化报，2018-05-24（6）.

第五部分　计算机软件知识产权问题

　　随着云计算、大数据等新一代信息技术的发展和成熟，传统的图书馆逐渐向数字化和智能化图书馆发展。计算机软件在图书馆各业务环节的应用不断深化，成为图书馆基础设施软硬件的重要组成部分，图书馆作为计算机软件使用者的同时也常常会成为计算机软件的开发者。因此，图书馆有必要提高计算机软件的知识产权保护意识，厘清相关概念与关键问题，维护自身权益，创造更多的知识产权价值，为图书馆的资源建设与服务提供有力的技术保障与支撑。

86. 计算机软件主要涉及哪些知识产权问题？

计算机软件的知识产权是计算机软件开发人员对自己的开发成果依法享有的权利，包括著作权、专利权和商标权等。

一、著作权

计算机程序及文档属于《著作权法》明确规定的一种作品，适用著作权相关法律保护。

二、专利权

如果计算机软件在技术方案、实用新型和外观设计方面满足发明创造的要求，权利人可以向国家有关部门申请专利。

三、商标权

如果权利人将计算机软件产品名称、软件界面等形式表现作为商标进行注册，在符合商标注册相关法律规定的情况下，权利人可获得商标权。

87. 计算机软件著作权受保护的必要条件是什么？

计算机软件著作权自软件开发完成之日起产生。受《计算机软件保护条例》保护的软件必须由开发者独立开发，并已固定在某种有形物体上。

一、独立开发

计算机软件必须是开发者独立开发的，具备"原创性"或者"独创性"。实践证明，除了极个别的特定情况外，即使是实现相同结果的软件，由不同的人开发，由于采用的思想、处理过程、操作方法或者算法不尽相同，其程序代码的组成可能是完全不相同的。因此，计算机软件只要是由开发者自己独立开发完成而不是抄袭、复制他人开发的，必然具有其基本的"创造性"。

二、固定在有形物体上

计算机软件著作权保护的范围是程序及其技术文档的表达，即保护语句序列或指令序列的表达以及有关软件的文字说明表达，而不延及开发软件所用的思想、处理过程、操作方法或者数学概念等。软件只有确确实实开发出来，并被记录（固定）在某种有形物体上，能够被人感知，才能获得著作权保护。记录（固定）软件的有形物体可以是纸张、磁带、磁盘、光盘、芯片等可存储软件的介质。

处于开发过程中的软件，由于其最终形态没有固定下来，不享有著作权。

可以实现模块化开发的软件，其整体的开发没有完成，但是局部的模块开发已经完成并能够独立实现确定的运行结果，这样的软件模块可以被视为一个独立软件，自开发完成后开始享有著作权。

88. 计算机软件的著作权人有哪些类型？

计算机软件的著作权人主要分为原始主体和继受主体两大类。

（1）原始主体是指实际组织开发、直接进行开发，并对开发完成的软件承担责任的自然人、法人或其他组织，即软件开发者。

（2）继受主体是指通过合同约定、继承、受让或者承受软件著作权的自然人、法人或者其他组织。

89. 计算机软件著作权人享有哪些权利？

一、发表权

软件的发表权是指软件著作权人有决定是否将自行开发的计算机软件

公之于众的权利。软件可通过多种方式发表，常见的方式有展览展示、销售或者上传到网上进行公开测试。对软件进行鉴定或者在特定的范围内进行的测试不构成发表。权利人有权决定是否发表和以何种形式发表。

二、署名权

软件的署名权是指通过在软件上署名来表明计算机软件的开发者权利。在软件上行使署名权的方式，可以是在源代码中表明开发者，也可以是在软件产品上标明软件著作权人。

三、修改权

软件的修改权是指软件著作权人享有对软件进行修改的权利。表现形式包括对软件程序代码的增补、删节，或者改变指令、语句顺序，从而增加或者删减软件功能、改变软件运行的环境、适应新的软硬件环境等。软件的修改权专属于软件著作权人，软件著作权人可以自行行使，也可以授权他人行使。

四、复制权

软件的复制权是指将软件制作一份或者多份的权利。软件的复制就是软件的拷贝，是将软件从一个载体复制到另外一个载体的过程。软件的复制权是软件权利人行使发行权的前提条件。

五、发行权

软件的发行权是指通过各种方式向社会公众提供软件的原件或者复制品的权利。常见的软件发行方式包括以附着在固定载体的形态出售、赠与、通过在线提供下载等。软件的发行权可以由软件著作权人自己行使，也可以授权给他人行使。软件的生产（开发）和销售（发行）是可以分离的。

六、出租权

软件的出租权是指授权他人临时使用软件的权利,使用者可以在一定时间内使用软件,但是期限结束后,不得再使用。需要强调的是,如果软件不是出租的主要标的,则不属于软件出租。例如:一件数字化设备中嵌有数字化软件,某供应商是这件设备的合法拥有者,将这件设备出租给图书馆使用,此时这种数字化软件仅是设备的一部分,不是主要的出租标的,因此出租行为并不侵犯软件著作权人的出租权。

七、信息网络传播权

软件的信息网络传播权是指通过有线或者无线方式向公众提供软件,使公众可以在其个人选定的时间和地点获得软件的权利。在互联网环境下,软件作为一种数字化产品,非常容易通过互联网进行传播和扩散,软件的信息网络传播权相关工作是软件著作权保护与利用的重要内容。

八、翻译权

软件的翻译权是指将原软件从一种自然语言文字转换成另一种自然语言文字的权利。"自然语言"是指人们在日常交流沟通中使用的语言文字,例如,汉语、英语、日语、法语等,而不是计算机编程领域所涉及的编程语言,如 C 语言、C++、JAVA 等。软件的翻译通常是指将软件的操作界面或者其相关文档中出现的自然语言进行文种转换,这种转换不会改变软件的功能、结构和整体界面。软件翻译权可以由软件著作权人自己行使,也可以委托他人行使。

九、应当由软件著作权人享有的其他权利

软件著作权人可以许可他人行使其软件著作权,并有权获得报酬。软件著作权人可以全部或者部分转让其软件著作权,并有权获得报酬。

90. 计算机软件的著作权保护期是多长？

《计算机软件保护条例》规定，自然人的软件著作权，保护期为自然人终生及其死亡后 50 年；软件是合作开发的，截止于最后死亡的自然人死亡后第 50 年的 12 月 31 日。法人或者其他组织的软件著作权，保护期为软件首次发表之后 50 年，但软件自开发完成之日起 50 年内未发表的，法律不再保护。

91. 图书馆常用的计算机软件主要有哪些？

图书馆工作与信息化技术密切相关，目前图书馆常用的计算机软件总体分为系统软件和应用软件两大类。

一、系统软件

系统软件是指管理、监控和维护计算机资源，并提供用户与计算机之间界面等工具的软件。图书馆业务工作和用户服务中常用的各类服务器、微型计算机、触摸屏等阅读终端、手机等设备的操作系统，都属于系统软件。

二、应用软件

应用软件是指为了支持某一应用领域、解决某个实际问题而专门研制的应用程序。图书馆常用的应用软件范围较广，主要包括：文档处理软件、图形图像处理软件、多媒体软件、图书管理软件、用户管理软件、办公管理软件、财务管理软件等。除此以外，随着移动互联网技术在图书馆范围内的推广应用，运行在智能手机、触摸屏、阅读终端等设备上的各种应用软件也越来越多。

92. 图书馆可通过哪些方式取得计算机软件著作权？

图书馆各项业务中应用的软件范围广泛，类型丰富，功能多样，取得这些软件的著作权需要依靠多种途径，常见方式有以下几种。

一、自主开发

图书馆依靠本馆力量，组织人员进行软件研发工作，如专题数据库系统软件、数据加工软件、数据检查软件等。

二、合作开发

图书馆与其他单位进行合作，共同完成软件的研发工作，如合作建设的专题数据库系统软件、图书馆联盟相关系统软件等。

三、委托开发

图书馆委托其他单位或个人进行软件研发工作，如专题数据库系统软件、图书馆业务管理软件、财务管理软件、用户管理软件、专题服务软件等。

四、购买软件

图书馆购买成熟的软件产品进行直接应用，如计算机操作系统、办公软件等。

五、使用开源软件

对于向社会公众开放源代码的软件，图书馆可依据开源软件权利要求享有一定的著作权，如专题数据库系统软件、网络管理软件、数据加工软件等。

93. 图书馆如何确立自主开发计算机软件的著作权？

根据《著作权法》的规定，作品不论是否发表，依法享有著作权。因此，软件一旦开发完成，该软件的著作权自动产生，对于图书馆实际组织开发以及直接进行开发的软件，图书馆作为著作权人享有相关权利。在实践过程中，为了更好地开展计算机软件著作权保护，图书馆可以依照《计算机软件保护条例》的相关规定，向国务院著作权行政管理部门认定的软件登记机构办理登记。软件登记机构发放的登记证明文件是登记事项的初步证明。

图书馆对自主开发的计算机软件从开发完成伊始，便享有著作权相关的一系列权利，无论其是否发表或进行软件登记。

94. 图书馆合作开发软件时如何约定著作权归属？

根据《计算机软件保护条例》的规定，由两个以上的自然人、法人或者其他组织合作开发的软件，其著作权的归属由合作开发者签订书面合同约定。无书面合同或者合同未作明确约定，合作开发的软件可以分割使用的，开发者对各自开发的部分可以单独享有著作权；但是，行使著作权时，不得扩展到合作开发的软件整体的著作权。合作开发的软件不能分割使用的，其著作权由各合作开发者共同享有，通过协商一致行使；不能协商一致，又无正当理由的，任何一方不得阻止他方行使除转让权以外的其他权利，但是所得收益应当合理分配给所有合作开发者。

软件与一般作品不同，其合作开发的复杂性更高、难度更大。没有直接参加计算机软件程序代码或者相关文档编写，但是对计算机软件的创作产生有贡献的自然人、法人或者其他组织，例如，与整体软件开发项目有关的组织者、资金或设备的提供者，以及与程序设计和实施有关的需求分析、程序测试者等，也可以成为合作作者。在这种情况下，需要通过合同进行约定，明确著作权归属。图书馆如果选择与其他个人或组织合作开发软件，需要重视相关合作合同文书的拟定，约定著作权归属。

95. 图书馆委托开发软件时如何确定著作权归属？

计算机软件开发是一项专业性非常强的工作，在难以投入大量专业技术人员的情况下，图书馆经常委托其他组织根据自身业务需求开发软件。根据《计算机软件保护条例》的规定，接受他人委托开发的软件，其著作权的归属由委托人与受托人签订书面合同约定；无书面合同或者合同未作明确约定的，其著作权由受托人享有。为了更好地维护图书馆权益，图书馆必须首先明确软件委托开发的目标以及自身承担的角色和价值，与受托方订立合同，在合同中明确约定开发软件应交付的成果形式以及软件著作权归属。

96. 图书馆如何确立职务开发软件的著作权归属？

图书馆工作人员在任职期间所开发的软件，如果符合下列三项条件之一，则属于职务开发软件：

（1）针对本职工作中明确指定的开发目标所开发的软件；

（2）开发的软件是从事本职工作活动中所预见的结果或者自然的结果；

（3）主要使用了图书馆的资金、专用设备、未公开的专门信息等物质技术条件所开发并由图书馆承担法律以及技术保障责任的软件。

属于图书馆职务开发软件的著作权由图书馆享有，图书馆可以对参与开发软件的本馆工作人员进行奖励。

97. 图书馆承担国家机关下达任务而开发的软件如何确定著作权归属？

《计算机软件保护条例》规定，由国家机关下达任务开发的软件，著作权的归属与行使由项目任务书或者合同规定；项目任务书或者合同中未作明确规定的，软件著作权由接受任务的法人或者其他组织享有。根据这项规定，图书馆在承接国家机关下达的任务时，应注意通过项目任务书或合同明确任务相关软件的著作权归属。

98. 签订软件开发合同应约定哪些著作权相关事项？

软件开发合同中涉及著作权问题，可从以下方面进行约定：
（1）软件著作权的归属；
（2）权利归属方享有的著作权的具体内容；
（3）对于软件涉及的著作权以外的其他权利的归属；
（4）合同双方对于侵权责任的划分。

99. 图书馆对合法持有的软件复制品享有哪些权利？

根据《计算机软件保护条例》第十六条规定，软件的合法复制品所有人享有的权利可以归纳为复制权和修改权。

一、复制权

软件的合法复制品所有人的复制权包含两层含义：一是为了运行该软件，将其安装在有信息处理能力的设备（如计算机）上，这个过程必然涉及计算机软件的复制，即从原本介质复制安装到具备信息处理能力的设备上；二是为了防止复制品损坏而制作备份复制品，但必须严格遵守备份复制品的使用范围和有效期规定,这些备份复制品不得通过任何方式提供给他人使用,并在所有人丧失该合法复制品的所有权时,负责将备份复制品销毁。

二、修改权

软件的合法复制品所有人享有修改权,其修改是为了将该软件用于计算机环境而做的适应性修改,以及为了改进功能、提升性能所做的软件优化。除合同另有约定外,未经该软件著作权人许可,不得向任何第三方提供修改后的软件。

100. 对于计算机软件有哪些合理使用规定?

相比《著作权法》对作品合理使用情形的规定,《计算机软件保护条例》缩小了软件的合理使用范围,严格限制了软件合理使用情形的目的和方式。

(1)合理使用的目的:为了学习和研究软件内含的设计思想和原理。

(2)合理使用的方式:通过安装、显示、传输或者存储软件等方式使用。

图书馆在利用合理使用条款使用未经授权的软件时,需要特别注意判断使用的目的和方式是否合法,避免造成侵权。

101. 签署著作权许可或转让协议时需要注意哪些问题?

计算机软件可以通过许可或转让的形式实现著作权让渡,图书馆签订著作权许可协议或转让协议应注意以下问题。

(1)确定适格的授权主体,审查其是否合法享有作品的著作权。

(2)明确受让软件的名称、软件版本号。

（3）明确受让权利的具体内容。没有订立书面合同或者合同中未明确约定为专有许可的，被许可行使的权利应当视为非专有权利。

（4）对于著作权转让协议，需明确著作权转让后，转让方不应再享有转让的权利。

（5）订立许可他人专有行使软件著作权的许可合同，或者订立转让软件著作权合同，可以向国务院著作权行政管理部门认定的软件登记机构登记。

（6）中国公民、法人或者其他组织向外国人许可或者转让软件著作权的，应当遵守《中华人民共和国技术进出口管理条例》的有关规定。

102. 图书馆使用第三方主体开发的软件应注意哪些问题？

图书馆应按照国家软件正版化工作的有关要求，采购使用正版软件。根据《计算机软件保护条例》第三十条规定，软件的复制品持有人不知道也没有合理理由应当知道该软件是侵权复制品的，不承担赔偿责任；但是，应当停止使用、销毁该侵权复制品。如果停止使用并销毁该侵权复制品将给复制品使用人造成重大损失的，复制品使用人可以在向软件著作权人支付合理费用后继续使用。

 **实践示例**

短视频软件界面设计不正当竞争纠纷案❶

【案情】广州一笑公司（以下简称一笑公司）是快手软件的经营者，

---

❶ 北京高级人民法院公布2017年北京市法院知识产权"十大创新性"案例. (2016) 京0108民初35369号. http：//bjzcfy. chinacourt. gov. cn/article/detail/2018/04/id/3277627. shtml.

快手软件是一款主要提供短视频制作的软件。乐鱼科技（天津）有限公司（以下简称乐鱼公司）开发经营的小看软件也是短视频制作软件。一笑公司发现，小看软件抄袭了快手软件的18个操作步骤及相对应的界面设计，以及大量编辑元素，构成不正当竞争，故诉至法院要求乐鱼公司停止不正当竞争行为并赔偿一笑公司经济损失及合理费用共计100万元人民币。乐鱼公司则认为一笑公司所主张的操作步骤等内容属于功能性设计或业内公知设计，故否认侵权。

法院认为：一笑公司对其经营的短视频软件所设计的视频编辑操作步骤是为了实现软件功能，不享有合法权益，即使乐鱼公司在其经营的软件中设计了与一笑公司软件相同的编辑操作步骤，也不构成不正当竞争。关于界面设计，尽管一笑公司主张分帧编辑界面设计由其独创，但经比较，该界面设计与其他功能步骤的编辑界面设计差异不大，且18个操作步骤对应界面设计中有部分属于为实现功能所必备的设计，部分借鉴了其他软件的界面设计，部分出于手机屏幕局限性、用户操作习惯等因素进行的设计，不论是分帧编辑界面，还是18个操作步骤界面整体都无法成为独特设计，并与一笑公司形成稳定的指向性联系。一笑公司所主张的编辑元素亦过于简单，主要体现功能性作用。最终法院驳回了一笑公司的全部诉讼请求。本案一审宣判后，双方均未上诉，一审判决生效。

【创新性评价】本案的创新意义在于明确了工具类软件功能界面设计的模仿边界。本案焦点集中在在先开发的短视频编辑软件能否排除在后同类软件使用大致相同的操作步骤及功能界面设计。在移动互联网时代，工具类软件功能界面设计存在手机等硬件屏幕的局限性、用户操作习惯、在先设计等诸多限制因素。在后推出的软件可以选择使用在先软件中的相同功能设计相同的操作步骤，这是自由竞争的基本要求。同时，在后软件也有权合理借鉴在先软件中对应的功能界面设计。正当模仿和不正当竞争的界限在于模仿不能造成相关公众对产品或服务来源的混淆。为了实现必要功能、操作便利、满足用户习惯等功能性要求,以及无法达到区分商品或服务来源作用的界面设计属于可自由模仿的界面设计,经营者无权禁止他人使用。

第六部分　图书馆文化创意活动知识产权问题

　　开展文化创意活动，开发文化创意产品，是激发图书馆创新活力与潜力，提升服务效能，"活化"图书馆馆藏资源，满足公众个性化文化需求的重要方式之一。文化创意活动既涉及对知识产权的利用，又涉及自有知识产权的创造、运用、保护与管理，图书馆应尊重知识产权，避免在文化创意活动开展、文化创意产品开发过程中侵犯他人知识产权，同时，也应重视建立起以著作权保护为核心，涵盖专利权、商标权、商业秘密的全面、系统的知识产权保护体系。

103. 什么是图书馆文化创意产品？

文化创意产品是在既有的知识、信息、科技和经验基础上，通过创造性活动产生作品、技术方案、商标以及商业秘密等综合知识产权，并通过将这些知识产权有机组合形成具有市场价值的产品。❶ 图书馆的文化创意产品覆盖范围比较广泛，常见形态包括围绕图书馆核心文化元素而创造开发的 IP（Intellectual Property）衍生品、音视频资源、专题数据库、计算机软件等。

104. 图书馆文化创意活动涉及哪些知识产权问题？

图书馆文化创意活动与知识产权的关系密不可分，涉及著作权、专利权、商标权、商业秘密、集成电路布图设计等知识产权，涵盖知识产权创造、运用、保护、管理的各个环节。著作权问题主要发生在文化创意产品设计、复制、发行和营销过程中；商标权问题主要发生在文化创意产品设计、展示、广告宣传和营销过程中；专利权问题主要发生在文化创意产品设计、生产和营销过程中。

105. 图书馆文化创意产品开发有哪些方式？

按知识产权来源划分，图书馆文化创意产品开发的途径主要包括以下三种。

（1）自主开发产品：由图书馆作为开发与推广主体，独立设计、制作文化创意产品。

---

❶ 杨祝顺. 我国文化创意产业知识产权保护的现状与策略[J]. 武汉理工大学学报（社会科学版），2017，30（2）：103 - 108.

（2）合作开发产品：图书馆与其他单位或个人合作共同进行开发活动。

（3）委托开发产品：图书馆将文化元素、知识产权资源委托给其他单位或个人，由其他单位或个人负责产品开发。

106. 以馆藏文献为素材开发文化创意产品是否存在著作权侵权风险？

对于馆藏的大部分文献，图书馆仅是收藏者，而不是文献的著作权人。在以馆藏文献为素材设计、开发文化创意产品时，需要做好筛查检测，根据馆藏文献的著作权状态，加强文化创意产品开发过程中的知识产权监控，避免侵犯他人的知识产权。

图书馆馆藏文献的著作权状态可分为已进入公有领域和未进入公有领域两种情况，在以馆藏文献为素材开发文化创意产品时，需注意以下问题。

一、公有领域文献

已进入公有领域的文献，图书馆可充分进行创意开发和利用，无须征得权利人的同意，也不需要支付使用费用。图书馆馆藏古代文献中的珍贵、稀缺资源通常是作为文化素材开发文化创意产品的重点，一般已进入公有领域。使用公有领域文献进行创意开发活动应注意避免出现严重影响作品原貌、歪曲作者原意、误导公众认知的设计。

二、未进入公有领域文献

未进入公有领域的文献，图书馆如果作为文化素材开发文化创意产品，需要获得授权，与权利人签订著作权授权协议。

第六部分　图书馆文化创意活动知识产权问题

107. 图书馆能否就馆藏资源进行艺术授权？

图书馆的馆藏资源中有大量能体现文化艺术内涵的艺术作品，如书法、字画、图片形象等，可以借鉴博物馆、美术馆的方式进行艺术授权。

一、艺术授权内容

艺术授权是以馆藏品等所体现的文化艺术内涵为依托的授权标的物知识产权的授权体系，授权标的物主要来自馆藏品、商标、建筑等通过数字化形成的图像、文字、标识、声音、影像。❶ 包括对图书馆艺术作品著作权的授权，即以数字化的文化艺术符号为授权标的物的授权，以及图书馆的品牌授权、商标授权等类型。

其中，图书馆艺术作品著作权包括：馆藏艺术作品仍处于著作权保护期内，图书馆通过著作权转让、授权许可等方式获得的著作权；图书馆对馆藏艺术作品以摄影、摄像等方式二次创作而产生的著作权，即虽然图书馆收藏资源并不意味着拥有著作权，但是对馆藏资源拍摄的图片、采集的数据、馆藏研究成果等享有著作权，可以进行授权。

二、签订授权协议

图书馆就馆藏资源进行艺术授权，需要签订授权协议，包括但不限于如下内容：

（1）授权标的；

（2）授权方式；

（3）授权许可使用经费及支付方式；

（4）授权期限、使用方式、使用范围；

---

❶ 王秀伟. 试论博物馆艺术授权的结构模式与价值链 [EB/OL]. [2019-10-15]. http://www.sohu.com/a/229237383_488370.

（5）双方权利义务；

（6）知识产权归属；

（7）争议处理方式等。

需要注意的是，对知识产权归属合同未约定或约定不明的，按照法律规定为实际发明创造人、作品创作人（即被授权人）所有。因此，图书馆应注意通过合同明确约定以所授权标的为基础所创造的新的知识产权归属。

108. 如何确定图书馆员工设计的文化创意产品的知识产权归属？

首先，需要确定图书馆员工设计的文化创意产品是否符合发明创造或作品成立的条件；其次，需要判断该文化创意产品的形式，如发明创造、文字作品、产品设计图、计算机软件等。

一、发明创造

若图书馆员工在参与文化创意活动过程中，是执行图书馆的工作任务或者主要是利用图书馆的物质技术条件所完成的发明创造，则认定为职务发明创造。职务发明创造申请专利的权利属于该图书馆；申请被批准后，该图书馆为专利权人。

若图书馆与发明人或者设计人订有合同，对申请专利的权利和专利权的归属作出约定的，则从其约定。

被授予专利权的图书馆可对职务发明创造的发明人或者设计人给予奖励；发明创造专利实施后，根据其推广应用的范围和取得的经济效益，可对发明人或者设计人给予合理的报酬。

二、作品

图书馆员工为完成本馆工作任务所创作的作品为职务作品。按照《著作权法》的规定，职务作品的著作权归属分为 2 种情况，即有下列情形之一的职务作品，员工享有署名权，著作权的其他权利由所在图书馆享有，图书馆可以给予作者奖励：

（1）主要是利用图书馆的物质技术条件创作，并由图书馆承担责任的工程设计图、产品设计图、地图、计算机软件等职务作品；

（2）法律、行政法规规定或者合同约定著作权由图书馆享有的职务作品。

若不属于上述情形，则著作权由作者享有，但图书馆有权在其业务范围内优先使用。作品完成两年内，未经图书馆同意，作者不得许可第三人以与该图书馆使用的相同方式使用该作品。

109. 图书馆在合作开展文化创意活动时应注意哪些知识产权问题？

当图书馆与其他机构或个人合作开展文化创意活动时，需注意以下知识产权问题。

（1）在开发阶段，需要解决使用的文化素材、软件平台等相关的知识产权问题，保证知识产权无瑕疵，不侵犯他人权利。

（2）在提供文化创意产品服务阶段，需要约定使用范围，使用时不超出该范围，并且不侵犯合作者的权利。

（3）在开发过程中形成的自主知识产权，对于发明创造，除另有协议的以外，申请专利的权利属于共同完成的单位或者个人；申请被批准后，申请的单位或者个人为专利权人。对于作品，著作权属于共同完成的单位或者个人。通过合同明确约定权利归属，并采取相应的保护措施，保障自身权利不受侵犯，同时也需约定许可及合作利益分配、后续改进的权属和使用等，并注明保密义务。

110. 图书馆对其所属联盟设计开发的文化创意产品是否享有知识产权？

由多个图书馆主体共同参与组成的图书馆联盟，一般不是单位法人，在设计、开发文化创意产品时，对所产生的专利、商标、作品、域名是否享有知识产权，需要遵从联盟章程或图书馆共同约定。

商标权、著作权、域名权的所有者可以为自然人、法人或者其他组织，因此如果约定归图书馆联盟所有，联盟可以成为商标权、著作权、域名权的所有者；专利申请人应具备以下两个条件：

（1）具有专利权利能力的公民或法人；

（2）具有专利申请的申请权。若图书馆联盟并非法人组织，则不能享有专利权。

111. 图书馆委托开展文化创意活动时应注意哪些知识产权问题？

在图书馆委托其他机构或个人合作开展文化创意活动时，需注意以下知识产权问题：

（1）在开发阶段，需要解决使用的文化素材、软件平台等相关的知识产权问题，保证知识产权无瑕疵，不侵犯他人权利。

（2）在开发过程中形成的知识产权，需要订立合同明确知识产权归属。受委托产生的发明创造、创作的作品，合同未作明确约定或者没有订立合同的，申请专利的权利、著作权属于受托人。因此，为了保护自身权利，图书馆在委托开展文化创意活动时，需注意明确约定知识产权归属，约定许可和利益分配、后续改进的权属和使用等，并注明保密义务。

112. 图书馆如何对文化创意产品进行自有知识产权保护？

当图书馆开展文化创意活动时，应当构建以著作权为核心，全面覆盖专利权、商标权、商业秘密等知识产权在内的综合性知识产权保护体系。

一、自有著作权保护

及时将创意转化为文字、美术作品、影视作品、数据库等形式，将文化创意思想产权化。可通过署名、著作权声明等形式直接表明权利人，亦可自行或委托依法设立的代理机构向国务院著作权行政管理机构办理著作权自愿登记。

二、自有专利保护

对于文化创意活动中产生的具有新颖性、创造性和实用性的数字技术、文化创意产品设计等，及时申请专利。图书馆可自行或委托依法设立的代理机构向国务院专利行政部门申请专利，通过审查后取得相应的专利权。

三、自有商标权保护

及时申请商标，形成品牌效应。图书馆可自行或委托依法设立的代理机构向国务院工商行政管理部门商标局申请商标注册，经核准后取得商标权。

四、商业秘密保护

图书馆对于文化创意活动中的策划、技术信息、定价策略等商业秘密，应当积极采取保密措施，包括对相关文件标识密级，进行保密管理，与相关员工、合作开发人签订保密协议等。

113. 图书馆文化创意产品服务有哪些常见形式？

文化创意产品类型丰富，服务形态多样，图书馆可根据产品类型选择通过信息网络或者在馆舍内提供服务。从知识产权来源的角度出发，图书馆文化创意产品服务常见形式包括以下四种。

（1）自主开发产品的服务：由图书馆作为开发与推广主体，独立设计、制作、营销和推广文化创意产品。

（2）合作开发产品的服务：图书馆与其他单位或个人合作共同进行开发活动，图书馆一般负责提供开发基础，如文化元素、知识产权资源等，合作单位负责产品设计、制作以及营销等。

（3）授权开发产品的服务：图书馆将知识产权资源授权给其他单位或个人，由其他单位或个人负责产品开发和营销。

（4）代理授权产品的服务：图书馆获取其他主体开发的文化创意产品服务授权，通过本馆的服务渠道进行分发推广。

114. 文化创意产品服务应注意哪些知识产权问题？

（1）对自主开发、合作开发和授权开发的文化创意产品，在开发阶段做好知识产权筛查检测，明确知识产权归属，并制定一套相对全面的知识产权保护、运用和管理策略。

（2）根据文化创意产品的知识产权状态设计服务形式、服务对象、服务范围等，对产品的获取和再利用方式应当符合知识产权要求。

（3）面向服务用户加强知识产权宣传引导，同时接受用户关于知识产权的监督和反馈。

 实践示例

全国文化创意产品开发联盟运作形式❶

1. 宏观规划方面

全国文化创意产品开发联盟(以下简称"文创联盟")在履行规定职能的同时,积极组织力量开展国内外博物馆、图书馆、美术馆文化创意研发调研及业务交流活动,加强理论指导实践,探索图书馆界文化创意产品开发新模式;充分发挥行业引领作用,指导联盟成员加强文化创意资源的共建共享,互联互通;积极争取财政、政策、税收等支持,建设国内图书馆文化创意发展有利环境。

2. 产品研发方面

文创联盟成员除自主开发具有本馆特色的文化创意产品外,也可依托文创联盟平台进行文化创意产品开发,通过文创联盟开发出的产品原则上需有联盟LOGO等信息。具体产品研发方式如下:

(1)委托研发

文创联盟成员之间可以开展相互委托研发合作,委托方可将不存在版权或所有权争议的本馆特色馆藏元素整理后交至受托方或上传到指定平台,由受托方组织文献、设计、市场等方面专家对元素进行评估、设计并打样,产品最终形态由委托方审核,审核通过后方可进入正式生产,委托研发细则参照相关协议。产品的知识产权由委托方与受托方共享,涉及二次授权等行为由双方协商解决。

---

❶ 全国文化创意产品开发联盟章程(节选)[EB/OL].[2019-08-15]. http://www.ts-gwclm.com/home/about/detail.html?id=24.

（2）委托在线授权

文创联盟牵头与阿里巴巴等商业平台建设全国图书馆文化创意在线授权平台，联盟成员可将不存在版权或所有权争议的本馆特色馆藏元素整理后在平台上进行在线授权，相关授权方式另行议定。

（3）其他方式

除以上文化创意研发方式外，结合实际情况，积极探索新型的、适合图书馆的文化创意研发模式。

3. 产品推广营销方面

（1）实体营销

各文创联盟成员负责在包括本馆在内的地区开设图书馆文化创意产品销售实体店。秘书处负责建设汇集各馆文化创意产品的产品数据库平台，对产品的元素使用、创意设计、知识产权、定价、折扣等信息进行详细标注，各成员单位可通过平台选择意向产品，产品选定后由产品供应方与申请方按照相关协议开展营销行为。

（2）在线营销

由秘书处在淘宝、天猫等平台建设统一的图书馆文化创意在线交易平台，各成员单位可将本馆文化创意产品委托秘书处进行在线营销，秘书处负责交易平台的日常维护及管理工作，在线营销细则详见相关协议。

（3）品牌推广

通过联盟会议的形式制定图书馆文化创意整体推广规划与实施方案，借助中国图书馆学会（中图学会）、博物馆及相关产品与技术博览会（博博会）、中国国际文创产品交易会（文交会）、中国国际品牌授权展览会（授权展）等平台，积极推动图书馆文化创意产品走出去，致力于打造图书馆共有文化创意品牌。

4. 业务交流与人才培养

（1）文创联盟发起馆制定年度业务交流与人才培养计划，并委托秘书处具体执行。通过培训、专题研讨、业务交流等形式，加强文化创意工作专职岗位技能培训，提高从业人员素质。

（2）以联盟形式积极开展对外合作，加强中华优秀传统文化的市场转化力，互利共赢。

（3）组织、协助成员参加有关国内外及行业性文化交流培训项目。

5. 其他

通过联合策划项目等方式申请国家或地方相关资金支持。

第七部分　图书馆自主知识产权

图书馆是信息资源收藏和服务机构，同时也是大量信息资源的创造者，具备依托自身资源和人才优势积极开展自主知识产权创造的优势。在知识产权创造过程中，图书馆应重视通过著作权登记、专利和商标的申请，进一步明确图书馆自有权利；通过制定完善的知识产权许可转让、转化推广和保护策略，实现图书馆自主知识产权创造、运用、保护和管理全流程有效保护和实时监控。

115. 图书馆可以开展哪些自主知识产权创造？

在图书馆业务工作中，由图书馆创造或申请的常见知识产权成果包括作品、专利和商标三种类型，相关知识产权成果受到我国知识产权法律、法规、政策的保护和管理。

116. 图书馆如何取得著作权？

我国实行著作权自动取得制度，即作品一旦完成，不论是否发表，就自动享有著作权并受到相应法律法规保护。图书馆可通过署名、著作权声明等形式直接表明权利人，亦可自行或委托依法设立的代理机构向国务院著作权行政管理部门办理著作权自愿登记。但是著作权自愿登记并不是获取著作权的前提，《作品自愿登记试行办法》中明确规定："作品实行自愿登记制度。作品不论是否登记，作者或其他著作权人依法取得著作权不受影响。"同时规定以著作权出质的，必须由出质人和质权人向国务院著作权行政管理部门办理出质登记。

117. 图书馆哪些工作能够取得自主著作权作品？

图书馆可通过自主创作的方式取得著作权，也可以通过受让方式和委托方式取得著作权。

一、自主创作获得著作权

（1）图书馆员工为完成本馆工作，原创、演绎和汇编并出版发行图书、报告、标准规范、规章制度等文字作品。

（2）图书馆员工或其他自然人、法人等利用图书馆物质技术条件创作，并由图书馆承担主要责任，原创、演绎和汇编并出版发行图书、报告、标准规范、规章制度等文字作品。

（3）图书馆组织拍摄并获得相关权利人授权的视频、音频资源，如宣传片、讲座、宣传歌曲等。

（4）图书馆组织开发自建数据库。

（5）图书馆组织设计开发具有独创性的本馆网站、专题网页设计。

（6）图书馆组织开发计算机软件。

二、受让著作权

以上图书、报告、标准规范、数据库、音视频等均可通过著作权转让的方式获得著作权的部分权利。按照出资的数量，可以分为有偿方式（出资受让）和无偿方式（接受捐赠）。以受让方式取得著作权应与著作权出让方签订合同并约定出让时间、使用范围、双方权利义务等内容。

三、委托创作取得著作权

以上图书、报告、标准规范、数据库、音视频等均可通过委托或合作开发的方式引进，委托创作也是图书馆建设自主知识产权的有效补充方式。以委托创作方式取得自主著作权应与著作权被委托开发方或合作开发方签订合同并约定委托内容、权利归属、双方权利义务等内容，明确图书馆享有的著作权。

118. 如何进行著作权登记？

各省、自治区、直辖市版权局负责本辖区的作者或其他著作权人的作品登记工作。国家版权局负责外国以及中国台湾、香港和澳门地区的作者或其他著作权人的作品登记工作，中国版权保护中心受国家版权局委托，负责外国以及中国台湾、香港和澳门地区的作者或其他著作权人的作品登记工作。著作权人和与著作权有关的权利人可以授权著作权集体管理组织行使著作权或者与著作权有关的权利。

著作权人可自行或委托依法设立的代理机构提出著作权自愿登记申请。著作权登记机构审查通过并颁发著作权登记证书后，即完成著作权登记流程。

119. 著作权登记可否撤销？

根据《作品自愿登记试行办法》，有下列情况的，作品登记机关应撤销其作品著作权登记：

（1）登记后发现有本办法所规定不予登记情况的，即为不受著作权法保护的作品、超过著作权保护期的作品、依法禁止出版传播的作品。

（2）登记后发现与事实不相符的。

（3）申请人申请撤销原作品登记的。

（4）登记后发现是重复登记的。

根据《计算机软件保护条例》和《计算机软件著作权登记办法》相关规定，国家版权局根据最终的司法判决或著作权行政管理部门作出的行政处罚决定撤销计算机软件著作权登记，同时申请人可申请撤销登记。

120. 图书馆使用自主著作权时应注意哪些权利约定？

著作权使用主要有自行使用、转让与许可使用三种形式。

图书馆自行使用时，作为著作权人和与著作权有关的权利人不得违反宪法和法律，不得损害公共利益。国家对作品的出版、传播依法进行监督管理。

授权著作权集体管理组织使用时，不得违反宪法和法律，不得损害公共利益。国家对作品的出版、传播依法进行监督管理。著作权集体管理组织被授权后，可以以自己的名义为著作权人和与著作权有关的权利人主张权利，并可以作为当事人进行涉及著作权或者与著作权有关的权利的诉讼、仲裁活动。

许可或转让自主著作权时，应当签订许可、转让合同。许可使用合同和转让合同中著作权人未明确许可、转让的权利，未经著作权人同意，另一方当事人不得行使。出版者、表演者、录音录像制作者、广播电台、电视台等依照著作权法有关规定使用他人作品的，不得侵犯作者的署名权、修改权、保护作品完整权和获得报酬的权利。

121. 图书馆申请专利的主要目标是什么？

专利权是法定机构授予申请人在一定期限内，对其发明成果享有占有、使用、收益和处分的权利，申请专利成功后，发明人的发明创造成果在一定期限内受到法律的排他性保护。

申请专利具有以下优势：

（1）保护图书馆的发明成果，防止创新成果流失。

（2）图书馆可以通过申请专利的方式占据新技术及其专利产品的市场空间，通过生产销售专利产品、转让专利技术等方式获得相应的社火效益和经济效益。

（3）激励图书馆在专利竞争的环境下不断对产品和服务进行完善和提升。

（4）为核心技术申请专利争取国家政策扶持。

（5）有利于社会整体的科技进步和经济发展。

122. 哪些专利申请可以被授予专利权？

专利申请人提出的申请获得授权需要符合法律规定的形式要件和实质

要件。形式要件是指申请要符合规定的程序和文书要求，实质要件是指对创新成果本身的要求。按照我国专利类型的不同，专利授予条件主要有两类。

一、发明和实用新型专利

发明和实用新型专利需要满足新颖性、创造性和实用性三个要求。

（1）新颖性指该发明或者实用新型不属于现有技术；也没有任何单位或者个人就同样的发明或者实用新型在申请日以前向国务院专利行政部门提出过申请，并记载在申请日以后公布的专利申请文件或者公告的专利文件中。

（2）创造性指与现有技术相比，该发明具有突出的实质性特点和显著的进步，该实用新型具有实质性特点和进步。实用新型专利比发明专利的创造性要求略低。

（3）实用性指该发明或者实用新型能够制造或者使用，并且能够产生积极效果。

二、外观设计专利

外观设计专利要求满足新颖性、富有美感、适用于工业应用以及不与在线专利冲突等条件。

（1）应当不属于现有设计。

（2）没有任何单位或者个人就同样的外观设计在申请日以前向国务院专利行政部门提出过申请，并记载在申请日以后公告的专利文件中。

（3）与现有设计或者现有设计特征的组合相比，应当具有明显区别。

（4）不得与他人在申请日以前已经取得的合法权利相冲突。

123. 哪些专利申请不能授予专利权？

考虑到国家和社会的利益，《中华人民共和国专利法》对专利保护的范围作出了限制性规定。

（1）对违反法律、社会公德或者妨害公共利益的发明创造，不授予专利权。对违反法律、行政法规的规定获取或者利用遗传资源，并依赖该遗传资源完成的发明创造，不授予专利权。

（2）《中华人民共和国专利法》第二十条规定，中国单位或者个人将其在国内完成的发明创造向外国申请专利的，应当首先向专利局申请专利，并经国务院有关主管部门同意后，委托国务院指定的专利代理机构办理。如果未事先报国务院专利行政部门及国家专利局进行保密审查，在中国申请专利的，不授予专利权。

（3）《中华人民共和国专利法》第二十五条规定了不授予专利权的客体，包括：

①科学发现。

②智力活动的规则和方法。

③疾病的诊断和治疗方法。

④动物和植物品种。

⑤用原子核变换方法获得的物质。

⑥对平面印刷品的图案、色彩或者二者的结合作出的主要起标识作用的设计。

对于①~④项所列产品的生产方法，是可以依照《中华人民共和国专利法》规定授予专利权的。

124. 发明人和专利权人享有哪些专利相关的权利？

获得专利权后，权利人可以保护自己的创新成果，或者通过许可、转让等方式获得经济利益。主要权利有：

（1）专利实施权，指专利权人以生产经营为目的制造、使用和销售专利产品或者专利方法。

（2）专利许可权，指专利许可他人实施其专利。

（3）专利处分权，指将专利作为一种财产权进行转让、赠与、投资、质押、抛弃等处分。

（4）专利标记权，指专利权人享有在其专利产品或者产品的包装、容器、说明书上、产品广告中标注专利标记和专利号的权利。

（5）专利保护请求权，指专利权人在其专利权受到侵权时，既可以请求专利行政机构保护其权利，也可以直接向人民法院起诉。

对于发明人来说，还享有专利的署名权和获得奖励和报酬的权利：

（1）专利署名权，指发明人或者设计人有在专利文件中注明自己是发明人或者设计人的权利，是发明人的人格权利。

（2）获得奖励和报酬权，指授权专利权的单位应给予职务发明人或者设计人奖励和报酬；发明专利实施后，根据其推广应用范围取得的经济效益给予合理报酬。

125. 图书馆可以围绕哪些工作获得自主专利？

图书馆可以通过多种方式获得创新成果并进一步通过专利申请获得自主专利权。主要包括以下几种类型。

一、发明专利

（1）已完成专利权登记的计算机软件。

（2）古籍修复技术。

（3）文献资源收集、加工、揭示方法。

（4）文献资源收集、加工、揭示等相关的设备。

（5）文献保护方法与设备。

（6）图书馆其他技术发明。

发明专利也可通过受让取得的方式引进。按照出资的数量，可以分为有偿方式（购买）和无偿方式（接受捐赠）。采用受让方式引进发明专利应与发明专利出让方签订合同，并约定出让对象、出让时间、使用范围、双方权利义务等内容。

二、实用新型专利

（1）文献资源收集、加工、揭示等相关的设备。

（2）文献保护设备。

（3）读者服务设备。

实用新型专利也可通过受让的方式引进。按照出资的数量，可以分为有偿方式（购买）和无偿方式（接受捐赠）。采用受让方式引进实用新型专利应与实用新型专利出让方签订合同，并约定出让对象、出让时间、使用范围、双方权利义务等内容。

实用新型专利也可以通过委托或合作开发的方式引进。通过委托或合作开发的方式则应与被委托开发方或合作开发方签订合同，并约定委托或合作内容、权利归属、双方权利义务等内容，明确图书馆为实用新型专利权所有人。

三、外观设计专利

（1）文化创意产品设计。

（2）展览设计。

外观设计专利可通过受让取得的方式引进，可以分为有偿方式（购买）和无偿方式（接受捐赠）。同样，采取受让方式应与外观设计专利出让方签订合同并约定出让对象、出让时间、使用范围、双方权利义务等内容。

外观设计专利也可以通过委托或合作开发的方式引进。采取委托或者合作开发的方式则必须与被委托开发方或合作开发方签订合同，并约定委托或合作内容、权利归属、双方权利义务等内容，须明确图书馆为外观设计专利权所有人。

126. 如何申请专利权？

国务院专利行政部门负责管理全国的专利工作，统一受理和审查专利申请，依法授予专利权。省、自治区、直辖市人民政府管理专利工作的部门负责本行政区域内的专利管理工作。国家知识产权局作为国务院专利行政管理部门，委托国家知识产权局专利局（以下简称专利局）受理、审批专利申请，专利局以国家知识产权局的名义作出各项决定。国家知识产权局设立专利复审委员会，负责复审及无效宣告请求的审查并作出决定。

中国单位或者个人可以委托依法设立的专利代理机构办理专利申请手续，也可以自行办理相关手续。在中国没有经常居所或营业所的外国人、外国企业或者外国其他组织向中国申请专利，应当委托依法设立的专利代理机构办理。

发明专利申请的审批程序包括受理、初审、公布、实审以及授权五个阶段。实用新型或者外观设计专利申请在审批中不进行早期公布和实质审查，只有受理、初审和授权三个阶段。通过审查后即获得专利权。

对国家知识产权局专利局驳回申请的决定不服的，可以自收到通知之日起三个月内，向专利复审委员会请求复审。专利复审委员会复审后，作出决定，并通知专利申请人。

127. 专利权的保护范围是什么？

发明或者实用新型专利权的保护范围以其权利要求的内容为准，说明书及附图可以用于解释其权利要求。其含义是专利权的保护范围应当以权利要求书中明确记载的必要技术特征所确定的范围为准，也包括与该必要技术特征相等同的特征所确定的范围。等同特征是指与所记载的技术特征以基本相同的手段，实现基本相同的功能，达到基本相同的效果，并且本领域的普通技术人员无须经过创造性劳动就能够联想到的特征。

外观设计专利权的保护范围以表示在图片或者照片中的该外观设计专利产品为准。外观设计专利权的保护范围取决于两个方面：其一是表示在图片或者照片中的外观设计；其二是专利授权时指定的外观设计使用产品的范围。确定外观设计是否相同或近似，应当以同类产品为基础。

128. 什么情况下专利将被宣告终止？

专利权的终止有两种情况。

（1）专利权因保护期限届满而自然终止。

（2）有下列情况之一的，专利权在期限届满前终止：

①专利权人没有按照规定缴纳年费；

②专利权人以书面声明放弃其专利权。

专利权在期限届满前终止的，由国务院专利行政部门登记和公告。

129. 什么是专利复议和宣告无效？

任何单位或者个人认为某项专利权的授予不符合有关规定的，可以请求专利复审委员会宣告该专利权无效。

专利复审委员会对宣告专利权无效的请求应当及时审查和作出决定，并通知请求人和专利权人。宣告专利权无效的决定，由国务院专利行政部门登记和公告。对专利复审委员会宣告专利权无效或者维持专利权的决定不服的，可以自收到通知之日起三个月内向人民法院起诉。人民法院应当通知无效宣告请求程序的对方当事人作为第三人参加诉讼。

宣告无效的专利权视为自始即不存在。宣告专利权无效的决定，对在宣告专利权无效前人民法院作出并已执行的专利侵权的判决、调解书，已经履行或者强制执行的专利侵权纠纷处理决定,以及已经履行的专利实施许可合同和专利权转让合同,不具有追溯力。但是因专利权人的恶意给他人造成的损失,应当给予赔偿。

130. 专利权使用过程可进行哪些权利约定?

专利权申请权和专利权可自行使用,或转让、许可给其他单位和个人(表8)。

表8 专利权使用方式和权利约定

使用方式		权利约定
单独发明创造	自行使用	1. 任何单位或者个人未经专利权人许可,都不得实施其专利。 2. 发明人或者设计人有权在专利文件中写明自己是发明人或者设计人。 3. 专利权人有权在其专利产品或者该产品的包装上标明专利标识
	转让	转让专利申请权或者专利权的,当事人应当订立书面合同,并向国务院专利行政部门登记,由国务院专利行政部门予以公告。专利申请权或者专利权的转让自登记之日起生效
	许可	应当与专利权人订立实施许可合同,向专利权人支付专利使用费。被许可人无权允许合同规定以外的任何单位或者个人实施该专利
合作发明创造	自行使用、转让、许可	除单独发明创造的专利权使用约定外,还需依照以下约定实施: 1. 行使共有的专利申请权或者专利权应当取得全体共有人的同意。 2. 专利申请权或者专利权的共有人对权利的行使有约定的,从其约定。 3. 没有约定的,共有人可以单独实施或者以普通许可方式许可他人实施该专利;许可他人实施该专利的,收取的使用费应当在共有人之间分配

单位和个人可根据需要向国务院专利行政部门申请实施发明或实用新型专利的强制许可,同时国务院专利行政部门也可为了公共利益和公共健康的目的,给予实施强制许可。给予实施强制许可的决定应当及时通知专利权人,并予以登记和公告。取得实施强制许可的单位或者个人不享有独

占的实施权,并且无权允许他人实施,同时应当付给专利权人合理的使用费。

131. 图书馆申请商标的主要目标是什么?

商标权是法定机构授予申请人在一定期限内,对其商标享有的占有、使用、收益和处分的权利。也就是说经过商标局核准注册的注册商标在一定期限内受到法律的排他性保护。

申请商标具有以下优势:

(1)可以保护图书馆的商标,避免因其他人抢先注册造成的经济或信誉损失。

(2)图书馆可以通过申请商标的方式占据一定的行业空间,通过生产销售商标产品、推广品牌服务等方式获得相应的社会效益和经济效益。

(3)注册商标可以引导用户识别品牌,有利于图书馆服务推广、市场竞争和广告宣传。

(4)可以激励图书馆在行业竞争的环境下不断对产品和服务进行完善和提升。

(5)有利于行业以及市场秩序的完善和产品服务质量的不断提升。

132. 商标的注册原则是什么?

我国商标注册的基本原则包括:自愿原则,申请在先原则,使用在先原则,商标分开注册原则。[1]

一、自愿原则

商标所有人自行决定是否进行商标的注册,而不受商标主管机关的约

---

[1] 李中铎. 知识产权工作实务指南 [M]. 北京:知识产权出版社,2008:41-44.

束。经注册的商标享有专有权，受商标法律法规保护。未经注册的商标可以在生产经营活动中使用，但其使用人不享有专有权，无权禁止他人在同种或类似商品上使用与其商标相同或近似的商标，但驰名商标除外。我国法律规定了在极少数商品上使用的商标实行强制注册原则，作为对自愿注册原则的补充。现行法律规定烟草制品必须申请商标注册，包括卷烟、雪茄烟和有包装的烟丝。未注册商标的烟草制品，禁止生产和销售。

二、申请在先原则

申请在先原则是指两个或者两个以上的商标注册申请人，在同一种商品或者类似商品上，以相同或者近似的商标申请注册的，商标局受理最先提出的商标注册申请，对在后的商标注册申请予以驳回。申请在先是根据申请人提出商标注册申请的日期来确定的，商标注册的申请日期以商标局收到申请书件的日期为准。因此应当以商标局收到申请书件的日期作为判定申请在先的标准。我国商标法在坚持申请在先原则的同时，还强调使用在先的正当性，防止不正当的抢注行为。

三、使用在先原则

在使用申请在先原则无法判定的情况下采用使用在先原则。根据《中华人民共和国商标法》第三十一条："两个或者两个以上的商标注册申请人，在同一种商品或者类似商品上，以相同或者近似的商标申请注册的，初步审定并公告申请在先的商标；同一天申请的，初步审定并公告使用在先的商标，驳回其他人的申请，不予公告。"此项原则在遇到与商标权类似其他知识产权的权利（专利权、著作权）相冲突时，往往起到重要的决定作用。

四、商标分开注册原则

指组合商标中的中文、英文、拼音、图形等元素单独进行申请原则。这主要是由国家知识产权局商标局的注册审核原则决定的。我国实行商标的各类元素分开单独审查的原则,也就是中文、英文、拼音、图形等分别审查,其中任意一部分审核不通过将整个商标退回重新递交申请。另外商标分开注册原则也是为了便于商标所有权人的使用及保护。分开注册的商标既能分开使用也能单独使用,更便于产品、包装、广告、展会等的使用及保护。

133. 哪些商标申请可以被授予商标权?

任何能够将自然人、法人或者其他组织的商品与他人的商品区别开的标志,包括文字、图形、字母、数字、三维标志、颜色组合和声音等,以及上述要素的组合,均可以作为商标申请注册。申请人提出的申请获得授权同样需要符合法律规定的形式要件和实质要件。形式要件是指申请必须符合规定的程序和文书要求,实质要件是指对创新成果本身的要求。申请注册的商标,应当有显著特征,便于识别,并不得与他人在先取得的合法权利相冲突。

商标的显著特征可以通过两种途径获得:一是标志本身固有的显著性特征,如立意新颖、设计独特的商标;二是通过使用获得显著特征,如直接叙述商品质量等特点的叙述性标志经过使用取得显著特征,并便于识别的,可以作为"第二含义"商标注册。❶

134. 哪些标志不能作为商标使用和注册?

商标使用的标志必须具有合法性,即必须符合国家相关法律法规规定。根据《中华人民共和国商标法》第十条规定,下列标志不得作为商标使用:

(1) 同中华人民共和国的国家名称、国旗、国徽、国歌、军旗、军徽、军歌、勋章等相同或者近似的,以及同中央国家机关的名称、标志、

---

❶ https://zhidao.baidu.com/question/365821563022958452.html.

所在地特定地点的名称或者标志性建筑物的名称、图形相同的。

（2）同外国的国家名称、国旗、国徽、军旗等相同或者近似的，但经该国政府同意的除外。

（3）同政府间国际组织的名称、旗帜、徽记等相同或者近似的，但经该组织同意或者不易误导公众的除外。

（4）与表明实施控制、予以保证的官方标志、检验印记相同或者近似的，但经授权的除外。

（5）同"红十字""红新月"的名称、标志相同或者近似的。

（6）带有民族歧视性的。

（7）带有欺骗性，容易使公众对商品的质量等特点或者产地产生误认的。

（8）有害于社会主义道德风尚或者有其他不良影响的。

县级以上行政区划的地名或者公众知晓的外国地名，不得作为商标。但是，地名具有其他含义或者作为集体商标、证明商标组成部分的除外；已经注册的使用地名的商标继续有效。

申请注册的商标，应当有显著特征，便于识别。不具有显著性的标志因无法作为判别商品和服务来源的标志，申请注册时不予通过。《中华人民共和国商标法》第十一条规定，下列标志不得作为商标注册：

（1）仅有本商品的通用名称、图形、型号的。

（2）仅直接表示商品的质量、主要原料、功能、用途、重量、数量及其他特点的。

（3）其他缺乏显著特征的。

前款所列标志经过使用取得显著特征，并便于识别的，可以作为商标注册。

135. 注册商标的有效期是多久？

《中华人民共和国商标法》规定，注册商标的有效期为十年，自核准注册之日起计算。

注册商标有效期满，需要继续使用的，商标注册人应当在期满前十二个月内按照规定办理续展手续；在此期间未能办理的，可以给予六个月的宽展期。每次续展注册的有效期为十年，自该商标上一届有效期满次日起计算。期满未办理续展手续的，注销其注册商标。

商标局应当对续展注册的商标予以公告。

136. 图书馆可以围绕哪些对象申请商标权？

图书馆申请商标权可基于对本馆具有重要历史意义以及标识意义的要素展开，申请商标权的对象主要包括：

（1）图书馆名称，包括中文、英文、拼音名称。

（2）图书馆标志。

（3）图书馆创立的资源品牌或服务品牌。

（4）图书馆网站以及数字图书馆的域名。

（5）图书馆衍生品商标。

（6）图书馆驰名商标。

商标权可通过采购的方式引进，按照出资的数量，可以分为有偿方式（购买）和无偿方式（接受捐赠）。采购商标权应与商标权出让方签订合同，并约定出让时间、使用范围、双方权利义务等内容。

商标权也可通过委托或合作开发的方式获得，例如，委托第三方进行标识设计并申请商标等，是图书馆取得自主知识产权的一种有效补充方式。委托或合作开发方式应与被委托开发方或合作开发方签订合同，并约定委托内容、权利归属、双方权利义务等内容。

137. 如何申请商标权？

国务院工商行政管理部门商标局主管全国商标注册和管理的工作。国务院工商行政管理部门设立商标评审委员会，负责处理商标争议事宜。商标的申请类型包括：新商标申请、取得注册商标核定使用范围之外商品的商标专用权、改变注册商标标志等。

中国内地申请人可自行办理或委托依法设立的商标代理机构办理商标注册事宜，外国人或者外国企业，香港、澳门和台湾地区的申请人应当委托依法设立的商标代理机构办理，但在中国有经常居所或者营业所的外国人或外国企业除外。

商标审查程序包括受理、初步审查和核准、初步审定公告、异议处理和注册。商标局做出准予注册决定的，发给商标注册证，并予公告后申请人即获得相应的商标权。

138. 在什么情况下注册商标将被宣告终止？

商标注册成功后，商标局可以依法主动做出撤销决定，相关利害关系人也可以依法向商标评审委员会提出撤销注册商标的申请（表9）。

表9 注册商标被撤销的类型、原因及异议情况

类型		撤销原因	异议
商标局主动撤销	注册不当	1. 注册商标不符合《中华人民共和国商标法》中商标授予的相关条件。 2. 以欺骗手段或其他不正当手段取得注册	1. 当事人对商标局的决定不服的，可以自收到通知之日起十五日内向商标评审委员会申请复审。 2. 当事人对商标评审委员会的决定不服的，可以自收到通知之日起三十日内向人民法院起诉
	使用不当	1. 商标权人自行改变注册商标的文字或图形，或自行改变注册人、地址和其他注意事项等。 2. 自行转让注册商标，或者连续三年停止使用注册商标。 3. 未按期申请续展并交纳费用。 4. 商品质量问题严重，存在欺骗消费者的情况	

续表

类型		撤销原因	异议
利害关系人向商标评审委员会申请撤销	注册不当	1. 就相同或者类似商品申请注册的商标是复制、摹仿或者翻译他人未在中国注册的驰名商标，容易导致混淆的。 2. 就不相同或者不相类似商品申请注册的商标是复制、摹仿或者翻译他人已经在中国注册的驰名商标，误导公众，致使该驰名商标注册人的利益可能受到损害的。 3. 未经授权，代理人或者代表人以自己的名义将被代理人或者被代表人的商标进行注册。 4. 商标中有商品的地理标志，而该商品并非来源于该标志所标示的地区，误导公众的。 5. 损害他人现有的在先权利的或不得以不正当手段抢先注册他人已经使用并有一定影响的商标	1. 自商标注册之日起五年内，在先权利人或者利害关系人可以请求商标评审委员会宣告该注册商标无效。恶意注册驰名商标的除外。 2. 当事人对商标评审委员会的决定不服的，可以自收到通知之日起三十日内向人民法院起诉
	使用不当	注册商标成为其核定使用的商品的通用名称或者没有正当理由连续三年不使用的，任何单位或者个人可以向商标局申请撤销该注册商标	
	争议	商标申请在先的商标注册人对注册在后的同一种或类似商品的相同或近似商标提出异议	

139. 在什么情况下注册商标将被宣告无效？

规定宣告无效的注册商标，由商标局予以公告，该注册商标专用权视为自始不存在。宣告注册商标无效的决定或者裁定，对宣告无效前人民法院做出并已执行的商标侵权案件的判决、裁定、调解书和工商行政管理部门做出并已执行的商标侵权案件的处理决定以及已经履行的商标转让或者使用许可合同不具有追溯力。但是，因商标注册人的恶意给他人造成的损失，应当给予赔偿。

注册商标被撤销的，原商标注册证作废；撤销该商标在部分指定商品上注册的，由商标局在原商标注册证上加注发还或者重新核发商标注册证，并予以公告。

140. 注册商标使用过程可做哪些权利约定？

商标注册人可以转让注册商标。转让人和受让人应当签订转让协议，并共同向商标局提出申请。转让注册商标经核准后予以公告，受让人自公告之日起享有商标权。

商标注册人可以通过签订商标使用许可使用合同，许可他人使用其注册商标。经许可使用他人注册商标的，必须在使用该注册商标的商品上标明被许可人的名称和商品产地。

141. 图书馆进行自主知识产权许可与转让时应注意哪些问题？

图书馆应制定全面、系统的知识产权许可与转让策略，明确许可与转让的具体思路和方法，建立健全图书馆自主知识产权许可与转让机制，包括但不限于以下内容：

（1）保证自主知识产权许可与转让过程的公开、公正、透明，强化国有资产管理部门的监督、审核和查处机制，防止国有资产流失。

（2）开展知识产权许可和转让项目整体评估，确定项目可行性。加强内容审核，确保许可和转让知识成果未涉及涉密信息、敏感信息、内部信息和其他不适合公开传播的信息内容；明确知识产权的法律状态和归属，确保相关知识产权的有效性；调查被许可方或受让方的实施意愿，防止恶意申请许可和购买行为。

（3）从法律、技术、市场等维度对拟许可和转让的知识产权进行价值评估，确定合理的许可和转让价格。

（4）建立知识产权许可或转让合同框架，签订合同明确双方的权利和义务。

①知识产权许可使用合同。包含以下知识产权内容：许可使用的权利种类，许可使用的权利是专有使用权或者非专有使用权，许可使用的对象、地域范围、期间，付酬标准和办法，违约责任，双方认为需要约定的其他内容。

②知识产权转让合同。包含以下知识产权内容：作品的名称，转让的对象、权利种类、地域范围、转让价金；交付转让价金的日期和方式，违约责任，双方认为需要约定的其他内容。

（5）及时监控许可和转让流程中的合同签署、备案、执行、变更、中止与终止、知识产权权属变更等关键环节，预防并控制许可和转让风险。

142. 图书馆如何开展自主知识产权转化推广？

随着图书馆业务范围的延展，图书馆自主创造的知识产权成果越来越丰富，推进适时转化，并应用于服务创新、技术方案优化、文化创意产品开发等领域对图书馆工作深化开展日益重要，有利于实现知识产权价值最大化。图书馆开展自主知识产权转化推广的途径主要有：

（1）依托依据图书馆或图书馆所属机构系统的资源开展知识产权转化推广，构建知识成果立体展示、推广平台，加强自主产品和服务推广，提升品牌意识。

（2）加强与科研机构、高等学校等合作，有效转化利用已有知识产权成果。

（3）根据国家政策适当引入社会资本参与自主知识产权转化推广，形成多渠道投入机制。

（4）开展相关产业、文化项目融合，提升知识产权成果和服务的文化价值和内涵。

143. 图书馆应如何有效保护自主知识产权？

有效保护自主知识产权需要图书馆制定一套自主知识产权保护策略，内容主要包括：

（1）开展知识产权成果创造、开发、利用的全流程监管。

（2）加强知识产权保护技术研发，通过数字媒体加密、用户行为检测、数字水印、激光防伪等必要的技术手段保护知识产权成果。

（3）重视保存知识成果创造过程中的创作、设计、研发文件、作品、合同等，建立文件与知识成果归档制度。

（4）及时跟踪和调查自主知识产权被侵权情况，建立知识产权纠纷应对机制，适时采取和解、调解、仲裁或诉讼等方式维护自主知识产权权益。

 **实践示例**

故宫博物院自主知识产权保护实践

一、知识产权研究与管理

2019年3月29日，故宫博物院（下称故宫）宣布新成立知识产权研究所等5个研究所。知识产权研究所的主要研究内容为博物馆知识产权分类、来源、保护、管理、利用、特征和功能等，为故宫乃至博物馆界管理、保护和利用知识产权提供理论支持。

故宫作为公共文化机构，除保护藏品、古建筑等可移动文物和不可移动文物外，还拥有同样形态丰富、价值重大的以知识产权为代表的无形资产。如故宫对包括"故宫""紫禁城""宫"字标等在内的7件商标进行了国内、国际注册；在专利方面，目前故宫拥有或合作拥有13件专利，其中发明专利10件、实用新型专利3件。❶

二、知识产权保护实践案例

故宫博物院与万邦公司双方自2004年开始合作开发中国画仿真复制印刷技术。故宫博物院委派职工张某，万邦公司委托员工徐某、解某负责该项目，该发明专利应由故宫博物院与万邦公司共同享有。万邦公司与2004年5月26日单方向国家知识产权局申请发明专利，其中专利申请人为万邦公司，发明人为徐某。申请号为200410009135.0号，申请公开日为2005年2月23日。涉案专利于2006年8月30日获得授权。2006年5月，解某、故宫博物院、张某与万邦公司、徐某签订权利转移协议书，主要约定：各方就添加故宫博物院、张某、解某为此项专利共同申请人以及增加张某、解某为发明人事宜，经过平等协商，在真实、充分地表达各自意愿的基础上，达成如下协议，并由各方共同恪守。第一条：增加故宫博物院、张某、解某为涉案专利共同申请人，增加解某、张某为发明人；第三条：本合同签署后，由万邦公司负责在国家专利局办理增加故宫博物院、张某、解某为涉案专利共同申请人和增加张某、解某为发明人的变更登记事宜，相关费用由万邦公司负责。

上述合同签订后，万邦公司未按照约定办理专利权变更登记事宜。

2006年7月28日，涉案专利的申请人变更为万邦公司和北京大唐万邦复制技术发展有限公司（简称大唐万邦公司）。

2007年5月18日，涉案专利的专利权人变更为大唐万邦公司。

2009年，故宫博物院、张某、解某诉被告万邦公司、大唐万邦公司专利权转让合同无效，法院支持了其全部诉讼请求。

---

❶ 侯伟. 故宫成立知识产权研究所正当时［EB/OL］.［2019-6-5］. http://www.iprchn.com/Index_NewsContent.aspx? NewsId=116422.

第八部分　图书馆知识产权纠纷与解决

随着权利人维权意识的增强,知识产权诉讼纠纷逐年递增。2018年全年新收著作权民事一审案件195408件,商标案件51998件,专利案件21699件[1],著作权案件比2009年的增长12倍,商标案件增长了6倍,专利案件增长了4倍。在此期间,图书馆涉诉案件也呈现激增态势,其中,著作权纠纷是当前图书馆所面临的主要诉讼风险,随着图书馆文化创意活动的蓬勃开展,商标和专利纠纷逐渐呈现上升趋势。由此可见,图书馆在各个环节加强知识产权管理和风险防范势在必行。如果发生知识产权纠纷,图书馆应积极应对,全面评估案件的影响程度,或自行应诉或外聘专业律师应诉,制定诉讼策略,维护图书馆和社会公众的合法权益。

---

[1] 《中国法院知识产权司法保护状况》发布:2018新收知识产权案超33万件[EB/OL]. [2019-06-10]. http://jinbao.people.cn/n1/2019/0423/c421674-31044973.html.

144. 图书馆易发生哪些类型的知识产权纠纷？

知识产权纠纷是指知识产权人与第三人之间因商标、专利和作品的权属、侵权以及合同的订立、履行、变更、终止等所发生的争议，广义的知识产权纠纷还包括不正当竞争和侵犯商业秘密所引起的争议。知识产权纠纷范围涵盖民事、行政、刑事等各个领域，主要包括著作权纠纷、商标纠纷和专利纠纷。图书馆常见的纠纷类型是著作权纠纷，主要包括以下四种类型：

（1）著作权权属纠纷；

（2）侵权纠纷；

（3）著作权合同纠纷；

（4）邻接权纠纷。

近年来随着图书馆加强对系统软件的开发建设以及开拓性发展文化创意活动，商标纠纷和专利纠纷也时有发生。

145. 图书馆解决知识产权纠纷的途径有哪些？

图书馆解决知识产权纠纷的途径有协商、调解、诉讼、仲裁、投诉和报案。

一、协商

双方因著作权合同、权属发生纠纷，可以先友好协商解决。如果发生侵权纠纷，权利人可以向侵权人发出侵权通知，要求其停止侵害；如果侵权行为对权利人造成损害，可以双方协商确定损害赔偿金额。侵权一方应在接获权利人通知后，立即停止侵权行为，及时下架或者删除涉嫌侵权的作品，进而审慎甄别著作权情况，与权利人积极沟通，协商解决方案。

二、调解

在发生侵权纠纷后,双方可以寻求第三方予以调解。一般而言,法院在庭前都会组织诉辩双方调解,往往两方已经过起诉、答辩、证据交换等环节,对诉讼结果有一定的预判,为节省诉讼成本,在法官主持调解下,容易达成和解协议。对于某类行业发生的侵权纠纷,也可以寻求行业协会居间调解。

三、诉讼

经双方协商或第三方调解无效的,权利人可以到法院提起民事诉讼,寻求公权力的救济,维护自己的合法权益。一旦决定进入诉讼流程,双方需评估诉讼风险,预估诉讼成本,充分准备各类证据材料积极应诉。

四、仲裁

仲裁是指当事人各方通过自愿协商,合意将有关争议提交非司法机构的第三者居中进行审理,并做出对争议各方均有约束力的一种纠纷解决制度。❶ 仲裁的前提条件是双方签订了仲裁协议或是在合同中约定了仲裁条款,且仲裁协议或条款有效。侵权行为发生后,双方能达成仲裁协议的,也可以将争议提请仲裁解决。仲裁与诉讼不同,以双方当事人自愿协商为基础,程序更灵活便捷,能快速有效解决争议,但实行一裁终局制度,且仲裁成本比诉讼成本要高出许多。《著作权法》第五十五条规定:著作权纠纷可以调解,也可以根据当事人达成的书面仲裁协议或者著作权合同中的仲裁条款,向仲裁机构申请仲裁。

五、投诉

权利人可以向著作权行政管理部门举报,请求行政部门采取行政手段

---

❶ 杨秀清,史飚. 仲裁法学[M]. 厦门:厦门大学出版社,2016:1.

制止侵权行为继续。如《中华人民共和国电子商务法》规定，知识产权权利人在接到电子商务平台经营者转交的平台经营者提交的不存在侵权行为声明，可以向有关主管部门投诉或者向人民法院起诉。如果权利人在平台经营者转达声明后十五日内，既不向有关主管机关投诉，也不向法院起诉的，平台经营者会终止对侵权方采取的删除、屏蔽、断开链接、终止交易和服务等必要措施。

六、报案

对于严重的侵权行为，构成刑法规定的侵犯著作权罪的，权利人可以向侵权行为地的公安机关报案，对侵权人进行刑事制裁。同时权利人仍可以向法院提起民事诉讼，要求侵权人民事赔偿。

146. 侵害著作权的法律责任有哪些？

《著作权法》第四十八条规定了侵害著作权的法律责任，包括民事责任、行政责任和刑事责任。

一、民事责任

（1）停止侵害：当侵权行为发生时，请求消除不法侵害是权利人获得法律救济的前提。著作权人也可以在司法审判前申请法院发出停止侵害的禁令，以及时止损。根据《著作权法》第五十条规定：著作权人或者与著作权有关的权利人有证据证明他人正在实施或者即将实施侵犯其权利的行为，如不及时制止将会使其合法权益受到难以弥补的损害的，可以在起诉前向人民法院申请采取责令停止有关行为和财产保全的措施。

（2）消除影响、赔礼道歉：主要适用于侵权人侵害著作权人的人身权利，导致权利人人格利益受损，通过登报公告等方式向权利人公开致歉，消除不良影响。如某人未经许可，使用他人作品，并擅自篡改作品发布于其微博上，法院最终判决其构成对权利人作品署名权、修改权、保护作品完整权和信息网络传播权的侵犯，要求其在微博首页置顶位置连续72小时刊登致歉声明，以弥补侵权行为所造成的损害。

（3）赔偿损失：赔偿损失是最普遍的民事救济措施。包括直接损失和间接损失，计算方法有三种：一是按照权利人实际损失予以赔偿；二是按照侵权违法所得计算赔偿金额；三是法定赔偿，人民法院综合考量作品市场影响、知名度、合理使用费、侵权危害程度等确定。

二、行政责任

侵害著作权的法律责任除了民事责任外，还包括行政责任。如果侵权行为在损害个人利益的同时损害公共利益的，可以由著作权行政管理部门责令停止侵权行为，没收违法所得，没收、销毁侵权复制品，并可处以罚款；情节严重的，著作权行政管理部门还可以没收主要用于制作侵权复制品的材料、工具、设备等。

《著作权行政处罚实施办法》第三条规定了需要受到行政处罚的违法行为范围，包括：

（1）《著作权法》第四十七条列举的侵权行为，同时损害公共利益的；

（2）《计算机软件保护条例》第二十四条列举的侵权行为，同时损害公共利益的；

（3）《信息网络传播权保护条例》第十八条列举的侵权行为，同时损害公共利益的；第十九条、第二十五条列举的侵权行为；

（4）《著作权集体管理条例》第四十一条、第四十四条规定的应予行政处罚的行为；

（5）其他有关著作权法律、法规、规章规定的应给予行政处罚的违法行为。

三、刑事责任

情节严重构成犯罪的，侵权人依法需承担刑事责任。《中华人民共和国刑法》第二百一十七条和第二百一十八条分别规定了侵犯著作权罪和销售侵权复制品罪,侵犯著作权罪的行为包括以营利为目的开展以下活动:

(1)未经著作权人许可,复制发行其文字作品、音乐、电影、电视、录像作品、计算机软件及其他作品的。

(2)出版他人享有专有出版权的图书的。

(3)未经录音录像制作者许可,复制发行其制作的录音录像的。

(4)制作、出售假冒他人署名的美术作品的。

侵权违法所得数额较大或者有其他严重情节的,处三年以下有期徒刑或者拘役,并处或者单处罚金;违法所得数额巨大或者有其他特别严重情节的,处三年以上七年以下有期徒刑,并处罚金。第二百一十八条规定:以营利为目的,销售明知是本法第二百一十七条规定的侵权复制品,违法所得数额巨大的,处三年以下有期徒刑或者拘役,并处或者单处罚金。

147. 图书馆发现网络侵权行为后如何发出有效通知书?

图书馆发现自有著作权作品未经授权,被第三人擅自上传网络平台予以传播的,有权通知平台经营者采取删除、屏蔽、断开链接、终止交易和服务等必要措施。通知书应当包括下列内容:

(1)权利人的姓名(名称)、联系方式和地址。

(2)要求删除或者断开链接的侵权作品、表演、录音录像制品的名称和网络地址。

(3)构成侵权的初步证明材料。

需要注意的是,图书馆作为权利人需对通知书的真实性负责。一般网络平台经营者在其网站上都设有投诉渠道,权利人可按照系统指引的步骤,逐步上传相应通知书的内容,也可以采取直接联系平台经营者的方式递交或邮件寄送书面通知书。

发送有效的通知书对图书馆权利获得救济至关重要,由于实践操作中很难联系到直接侵权人,通过向提供信息存储空间或者提供搜索、链接服务的平台经营者发送权利通知书的方式,可以快速展开维权工作,如果平台经营者未采取合理措施预防侵权后果进一步扩大,违反法律规定的合理注意义务的,图书馆可以直接要求平台经营者承担间接侵权的连带责任。

148. 图书馆在收到权利人通知书后应如何处理?

图书馆的身份不仅是公益服务提供者,也是网络服务提供者和平台经营者,必须遵守我国有关信息网络传播的法律法规。图书馆提供的网络服务主要是通过网站向用户提供各类信息服务,通过自建数据库、外购商业数据库、网络资源导航等形式提供资源服务和在线参考咨询服务,通过组织在线活动和在线展览等形式宣传、扩大图书馆的社会影响力,履行图书馆社会教育职能等。图书馆在提供这些网络服务的过程中,如有工作疏忽也会收到权利人的侵权通知书,面临直接侵权或间接侵权的风险。

图书馆在接到权利人通知后,根据《信息网络传播权保护条例》第十五条规定:应当立即删除涉嫌侵权的作品、表演、录音录像制品,或者断开与涉嫌侵权的作品、表演、录音录像制品的链接,并同时将通知书转送提供作品、表演、录音录像制品的服务对象;服务对象网络地址不明、无法转送的,应当将通知书的内容同时在信息网络上公告。具体要求是:如果涉嫌侵权作品是由图书馆自行上传至网络提供服务的,应立即采取措施下架该作品;如果侵权作品由第三方提供,如收录于图书馆采购的商业数据库中,图书馆应立即书面通知提供商,并转交权利人通知书,督促其及时下架该作品;如图书馆提供的是链接服务,如开放获取资源的网络导航,则需立即断开该链接。无法转达通知书的,应当将其在信息网络上予以公告。

图书馆采取必要措施后,需要进一步甄别版权归属,如有确切证据证明其提供的作品、表演、录音录像制品未侵犯他人权利的,可以恢复被删除的作品、表演、录音录像制品，或者恢复与被断开的作品、表演、录音录像制品的链接。第三方提供了不存在侵权的声明，且图书馆通过审查，书面说明符合法律规定的内容，也应当采取恢复原状的措施，同时将该书面说明转达权利人。书面说明应当包含下列内容：

（一）服务对象的姓名（名称）、联系方式和地址。

（二）要求恢复的作品、表演、录音录像制品的名称和网络地址。

（三）不构成侵权的初步证明材料。

149. 图书馆如何适用"通知－删除"规则？

《信息网络传播权保护条例》第二十三条设立了"通知－删除"规则，以此认定网络服务提供者是否具有主观过错，进而判定网络服务提供者是否与直接侵权人构成共同侵权。网络服务提供者为服务对象提供搜索或者链接服务，在接到权利人的通知书后，断开与侵权的作品、表演、录音录像制品的链接的，不承担赔偿责任；但是，明知或者应知所链接的作品、表演、录音录像制品侵权的，应当承担共同侵权责任。

在实践中，图书馆在涉及信息网络传播权侵权纠纷中，多以本条作为抗辩的法律依据，但并不是所有的网络服务形式都能适用该条。直接侵害权利人信息网络传播权的应对权利人承担侵权责任，如图书馆未经著作权人许可，将尚在著作权保护期的作品进行馆藏数字化，并直接发布于互联网上予以传播的行为，且既不符合法律规定的合理适用范围，也不符合法定许可范畴的，应对权利人承担直接侵权责任。

图书馆如果仅作为网络服务提供者，为直接实施了侵权行为的网络用户提供网络自动接入服务、自动传输服务、网络储存服务或者提供搜索链接服务的，在履行了通知删除义务后，可以主张免于承担赔偿责任。例如，某图书馆在其网站上开设"数字影院"栏目，用户点击影片后，直接跳转第三方网站进行观看，法院认定图书馆并没有提供上传下载服务，仅提供链接技术，向用户提供链接服务，在接到通知书后，及时采取技术措施断开链接，制止侵权，最终认定图书馆不构成间接侵权。《信息网络传播权保护条例》第二十条、第二十一条、第二十二条根据服务形式详细规定了上述规则的适用条件。

第二十条　网络服务提供者根据服务对象的指令提供网络自动接入服务，或者对服务对象提供的作品、表演、录音录像制品提供自动传输服务，并具备下列条件的，不承担赔偿责任：

（一）未选择并且未改变所传输的作品、表演、录音录像制品；

（二）向指定的服务对象提供该作品、表演、录音录像制品，并防止指定的服务对象以外的其他人获得。

第二十一条　网络服务提供者为提高网络传输效率，自动存储从其他网络服务提供者获得的作品、表演、录音录像制品，根据技术安排自动向服务对象提供，并具备下列条件的，不承担赔偿责任：

（一）未改变自动存储的作品、表演、录音录像制品；

（二）不影响提供作品、表演、录音录像制品的原网络服务提供者掌握服务对象获取该作品、表演、录音录像制品的情况；

（三）在原网络服务提供者修改、删除或者屏蔽该作品、表演、录音录像制品时，根据技术安排自动予以修改、删除或者屏蔽。

第二十二条　网络服务提供者为服务对象提供信息存储空间，供服务对象通过信息网络向公众提供作品、表演、录音录像制品，并具备下列条件的，不承担赔偿责任：

（一）明确标示该信息存储空间是为服务对象所提供，并公开网络服务提供者的名称、联系人、网络地址；

（二）未改变服务对象所提供的作品、表演、录音录像制品；

（三）不知道也没有合理的理由应当知道服务对象提供的作品、表演、录音录像制品侵权；

（四）未从服务对象提供作品、表演、录音录像制品中直接获得经济

利益;

（五）在接到权利人的通知书后，根据本条例规定删除权利人认为侵权的作品、表演、录音录像制品。

需要注意的是，图书馆适用上述"通知－删除"规则的前提条件是对侵权对象没有法律"应知"和"明知"的情形。根据《最高人民法院关于审理侵害信息网络传播权民事纠纷案件适用法律若干问题的规定》，图书馆是否构成"应知"的标准，需要考虑作品、表演、录音录像制品的类型、知名度及侵权信息的明显程度，如对热播影视作品等以设置榜单、目录、索引、描述性段落、内容简介等方式进行推荐，且公众可以在其网页上直接以下载、浏览或者其他方式获得的，可以认定其应知网络用户侵害信息网络传播权。

150. 著作权损害赔偿的范围和原则是什么？

著作权损害赔偿就其发生原因可分为约定损害赔偿和法定损害赔偿两类，前者基于合同约定而产生，后者基于法律规定产生赔偿义务。图书馆发生约定损害赔偿的情形多见于通过合同引进资源进行服务类，如图书馆向数据库集成商采购商业数据库，往往会在合同中约定版权无瑕疵承诺条款，图书馆如因使用数据库产品致使发生第三人侵权纠纷的，数据库提供商应向图书馆承担知识产权损害赔偿责任，并明确约定赔偿范围。著作权法定赔偿多见于侵权纠纷，赔偿原则包括以下两个。

一、全部赔偿原则

侵权人需按照著作权人的全部损失予以赔偿，不仅包括权利人的直接损失，如侵权行为造成权利人现实利益的减损、权利人为制止侵权行为所支付的合理开支、因侵犯著作权人人身权利而造成的财产损失等，还包括权利人的间接损失，如因侵权行为造成权利人未来权益的损失。

二、顺位适用原则

根据我国《著作权法》第四十九条规定：侵犯著作权或者与著作权有关的权利的，侵权人应当按照权利人的实际损失给予赔偿；实际损失难以计算的，可以按照侵权人的违法所得给予赔偿。赔偿数额还应当包括权利人为制止侵权行为所支付的合理开支。权利人的实际损失或者侵权人的违法所得不能确定的，由人民法院根据侵权行为的情节，判决给予五十万元以下的赔偿。

可见，法定赔偿优先考虑权利人的实际损失，其次考虑侵权人的违法所得，只有在上述两种方式均不能确定时，才适用法定赔偿制度，给予人民法院一定的自由裁量空间。图书馆一般涉及图书、报刊侵权，在实践中，权利人的实际损失往往难以定量，而图书馆的公益性质又难以计算侵权利益，在司法实践中多参照国家版权局、国家发展和改革委员会第11号令《使用文字作品支付报酬办法》确定赔偿金额。该法第五条规定：基本稿酬标准和计算方法：(1) 原创作品：每千字80～300元，注释部分参照该标准执行。(2) 演绎作品：①改编：每千字20～100元；②汇编：每千字10～20元；③翻译：每千字50～200元。支付基本稿酬以千字为单位，不足千字部分按千字计算。

151. 哪些行为属于侵犯专利权的行为？

专利侵权行为是指在专利权有效期限内，行为人未经专利权人许可又无法律依据，以营利为目的实施他人专利的行为。根据专利侵权行为的表现形式，专利侵权行为分为直接侵权行为和间接侵权行为两类。

直接侵权行为主要是指未经专利权人许可，以生产经营为目的，制造、使用、销售、许诺销售、进口发明和实用新型专利产品或利用专利方法获得的专利产品，以及制造、销售、许诺销售、进口外观设计专利产品。

间接侵权行为是指行为人本身的行为并不直接构成对专利权的侵害，但实施了诱导、怂恿、教唆、帮助他人侵害专利权的行为。例如，行为人知道有关产品系只能用于实施特定发明或者实用新型专利的原材料、中间产品、零部件、设备等，仍然将其提供给第三人以实施侵犯专利权的行为，权利人主张该行为人和第三人承担连带民事责任的，人民法院应当支持；该第三人的实施不是为生产经营目的，权利人主张该行为人承担民事责任的，人民法院应当支持。

152. 侵犯专利权应承担的法律责任有哪些？

专利侵权人可能面临的法律责任有：民事责任、行政责任和刑事责任。

民事责任指侵犯他人专利权所应承担的民事法律后果，包括停止侵犯、赔偿损失、消除影响等。

行政责任指侵犯他人专利权所应承担的行政法律后果。对专利侵权行为，管理专利工作的部门有权责令侵权行为人停止侵权行为、责令改正、罚款等，管理专利工作的部门应当事人的请求，还可以就侵犯专利权的赔偿数额进行调解。

刑事责任指依照专利法和刑法的规定，假冒他人专利，情节严重的，应对直接责任人员追究刑事责任。❶

153. 专利权纠纷的处理途径有哪些？

专利纠纷的处理途径主要有协商解决、行政调解和法律诉讼。

---

❶ https：//baike.baidu.com/item/%E4%B8%93%E5%88%A9%E6%9D%83/872205? fr = aladdin.

经专利权人许可，实施其专利，即侵犯其专利权，引起纠纷的，由当事人协商解决；不愿协商或者协商不成的，专利权人或者利害关系人可以向人民法院起诉，也可以请求管理专利工作的部门处理。管理专利工作的部门处理时，认定侵权行为成立的，可以责令侵权人立即停止侵权行为，当事人不服的，可以自收到处理通知之日起十五日内依照《中华人民共和国行政诉讼法》向人民法院起诉；侵权人期满不起诉又不停止侵权行为的，管理专利工作的部门可以申请人民法院强制执行。进行处理的管理专利工作的部门应当事人的请求，可以就侵犯专利权的赔偿数额进行调解；调解不成的，当事人可以依照《中华人民共和国民事诉讼法》向人民法院起诉。

154. 专利侵权有关的诉讼时效是多长时间？

侵犯专利权的诉讼时效为二年，自专利权人或者利害关系人得知或者应当得知侵权行为之日起计算。

发明专利申请公布后至专利权授予前使用该发明未支付适当使用费的，专利权人要求支付使用费的诉讼时效为二年，自专利权人得知或者应当得知他人使用其发明之日起计算，但是，专利权人于专利权授予之日前即已得知或者应当得知的，自专利权授予之日起计算。

155. 发现专利侵权后，图书馆可以采取哪些应急保护措施？

发现专利侵权行为后，为有效减少权利人损失，尽可能保护权利人的合法权益，在紧急情况下可以向人民法院申请诉前禁令和诉前保全。

诉前禁令，即专利权人或者利害关系人有证据证明他人正在实施或者即将实施侵犯专利权的行为，如不及时制止将会使其合法权益受到难以弥补的损害的，可以在起诉前向人民法院申请采取责令停止有关行为的措施。申请人提出申请时，应当提供担保；不提供担保的，驳回申请。人民法院应当自接受申请之时起四十八小时内作出裁定；有特殊情况需要延长的，可以延长四十八小时。裁定责令停止有关行为的，应当立即执行。当事人对裁定不服的，可以申请复议一次；复议期间不停止裁定的执行。申请人自人民法院采取责令停止有关行为的措施之日起十五日内不起诉的，人民法院应当解除该措施。申请有错误的，申请人应当赔偿被申请人因停止有关行为所遭受的损失。

诉前保全，为了制止专利侵权行为，在证据可能灭失或者以后难以取得的情况下，专利权人或者利害关系人可以在起诉前向人民法院申请保全证据。人民法院采取保全措施，可以责令申请人提供担保；申请人不提供担保的，驳回申请。人民法院应当自接受申请之时起四十八小时内作出裁定；裁定采取保全措施的，应当立即执行。申请人自人民法院采取保全措施之日起十五日内不起诉的，人民法院应当解除该措施。

156. 如何计算侵犯专利权的赔偿数额？

侵犯专利权的赔偿数额按照权利人因被侵权所受到的实际损失确定；实际损失难以确定的，可以按照侵权人因侵权所获得的利益确定。权利人的损失或者侵权人获得的利益难以确定的，参照该专利许可使用费的倍数合理确定。赔偿数额还应当包括权利人为制止侵权行为所支付的合理开支。

权利人的损失、侵权人获得的利益和专利许可使用费均难以确定的，人民法院可以根据专利权的类型、侵权行为的性质和情节等因素，确定给予一万元以上一百万元以下的赔偿。

157. 哪些行为属于侵犯商标权的行为？

根据《中华人民共和国商标法》第五十七条规定，有下列行为之一的，均属侵犯注册商标专用权：

（1）未经商标注册人的许可，在同一种商品上使用与其注册商标相同的商标的。

（2）未经商标注册人的许可，在同一种商品上使用与其注册商标近似的商标，或者在类似商品上使用与其注册商标相同或者近似的商标，容易导致混淆的。

（3）销售侵犯注册商标专用权的商品的。

（4）伪造、擅自制造他人注册商标标识或者销售伪造、擅自制造的注册商标标识的。

（5）未经商标注册人同意，更换其注册商标并将该更换商标的商品又投入市场的。

（6）故意为侵犯他人商标专用权行为提供便利条件，帮助他人实施侵犯商标专用权行为的。

（7）给他人的注册商标专用权造成其他损害的。

将他人注册商标、未注册的驰名商标作为企业名称中的字号使用，误导公众，构成不正当竞争行为的，依照《中华人民共和国反不正当竞争法》处理。

158. 侵犯商标权应承担的法律责任有哪些？

商标侵权人可能面临的法律责任有：民事责任、行政责任和刑事责任。

民事责任指侵犯他人商标权所应承担的民事法律后果，包括停止侵犯、赔偿损失、消除影响等。

行政责任指侵犯他人商标权所应承担的行政法律后果。对商标侵权行为，管理商标工作的部门有权责令侵权行为人停止侵权行为、责令改正、罚款等，管理商标工作的部门应当事人的请求，还可以就侵犯商标权的赔偿数额进行调解。

刑事责任指依照商标法和刑法的规定，侵犯他人注册商标专用权，破坏商标管理制度，危害社会主义市场经济秩序，情节严重的应对直接责任人员追究刑事责任。❶

159. 商标权纠纷的处理途径有哪些？

商标纠纷的处理途径主要有协商解决、行政调解和法律诉讼。

存在侵犯注册商标专用权行为，引起纠纷的，由当事人协商解决；不愿协商或者协商不成的，商标注册人或者利害关系人可以向人民法院起诉，也可以请求工商行政管理部门处理。工商行政管理部门处理时，认定侵权行为成立的，责令立即停止侵权行为，没收、销毁侵权商品和主要用于制造侵权商品、伪造注册商标标识的工具，违法经营额五万元以上的，可以处违法经营额五倍以下的罚款，没有违法经营额或者违法经营额不足五万元的，可以处二十五万元以下的罚款。对五年内实施两次以上商标侵权行为或者有其他严重情节的，应当从重处罚。销售不知道是侵犯注册商标专用权的商品，能证明该商品是自己合法取得并说明提供者的，由工商行政管理部门责令停止销售。对侵犯商标专用权的赔偿数额的争议，当事人可以请求进行处理的工商行政管理部门调解，也可以依照《中华人民共和国民事诉讼法》向人民法院起诉。经工商行政管理部门调解，当事人未达成协议或者调解书生效后不履行的，当事人可以依照《中华人民共和国民事诉讼法》向人民法院起诉。

160. 商标权侵权的诉讼时效是多长？

对于权利人主张商标侵权人承担停止侵害、销毁侵权商品、消除影

---

❶ 刑法规定的侵犯商标罪。

响、恢复名誉等责任的请求权不受诉讼时效限制，可随时向人民法院提起维权诉讼。

对于权利人主张赔偿损失的请求权诉讼时效为2年，自商标注册人或者利害关系人知道或者应当知道侵权行为之日起计算。商标注册人或者利害关系人超过2年起诉的，如果侵权行为在起诉时仍在持续，在该注册商标专用权有效期限内，人民法院应当判决被告停止侵权行为，侵权损害赔偿数额应当自权利人向人民法院起诉之日起向前推算2年计算。

161. 针对商标权侵权图书馆可以采取哪些应急保护措施？

发现商标侵权行为后，为有效减少权利人损失，尽可能保护权利人的合法权益，在紧急情况下图书馆可以向人民法院申请诉前禁令和诉前保全。

诉前禁令，是指商标注册人或者利害关系人有证据证明他人正在实施或者即将实施侵犯其注册商标专用权的行为，如不及时制止将会使其合法权益受到难以弥补的损害的，可以依法在起诉前向人民法院申请采取责令停止有关行为和财产保全的措施。

诉前保全，是指为制止侵权行为，在证据可能灭失或者以后难以取得的情况下，商标注册人或者利害关系人可以依法在起诉前向人民法院申请保全证据。

162. 如何确定侵犯商标权的赔偿数额？

侵犯商标专用权的赔偿数额，按照权利人因被侵权所受到的实际损失确定；实际损失难以确定的，可以按照侵权人因侵权所获得的利益确定；权利人的损失或者侵权人获得的利益难以确定的，参照该商标许可使用费的倍数合理确定。对恶意侵犯商标专用权，情节严重的，可以在按照上述方法确定数额的一倍以上三倍以下确定赔偿数额。赔偿数额应当包括权利人为制止侵权行为所支付的合理开支。人民法院为确定赔偿数额,在权利人已经尽力举证,而与侵权行为相关的账簿、资料主要由侵权人掌握的情况下,可以责令侵权人提供与侵权行为相关的账簿、资料;侵权人不提供或者提供虚假的账簿、资料的,人民法院可以参考权利人的主张和提供的证据判定赔偿数额。权利人因被侵权所受到的实际损失、侵权人因侵权所获得的利益、注册商标许可使用费难以确定的,由人民法院根据侵权行为的情节判决给予三百万元以下的赔偿。

 **实践示例**

某图书馆信息网络传播权纠纷处理措施

某科技公司诉某图书馆侵犯信息网络传播权案❶,原告诉称图书馆未经其授权,在其所属网站上非法播放原告享有信息网络专有传播权的电影作品,侵犯了原告合法权益,要求图书馆赔偿其损失。图书馆在接到法院开庭传票后,迅速调查案件事实,全面评估诉讼风险,最终采取积极应诉策略,于法院送达传票后第13日,即向公证处申请保全证据,证明在其网站的界面已明确说明该视频来源是第三方的优酷、土豆、搜狐、新浪、六间房,同时该页面在QQ信箱留言:本站资源均来源于网络,仅供学习参考。如果觉得本站内容侵犯了您的利益,请您立即联系本站站长(QQ:××××××××××),我们将于24小时内删除;同时在公证处的公证下断开了电影视频的链接服务。法院最终认定图书馆的行为是仅提供链接服务而没有提供上传下载服务,并未侵犯原告的信息网络传播权,驳回原告诉讼请求。

---

❶ 案例来源北大法意数据库,(2010)肇中法民初字第10号。